MW01241082

Entrenado
para Delinquir

Juan José Hernández

©Primera Edición - 2023

Entrenado para Delinquir

Por: Juan José Hernández

— • —

©Todos los derechos reservados
Primera Edición 2023
Texas

MMC EDITORIAL GROUP
6413 Bandera Rd, San Antonio TX, 78238

@mmceditorialgroup

info@mmceditorialgroup.com

mmceditorialgroup.com

ISBN: 978-9945-9389-6-8

Contactos Autor:

@apostoljuanjose

Apóstol Juan José Hernández

Apóstol Juan José

Apóstol Dr. Juan José Hernández

apostoljuanhernandez.jh@gmail.com

Categoría: Espíritual

Maestro para cambiar
la mente.

Pastor para sanar el corazón.

A*póstol* para restaurar
naciones.

Pensamiento

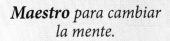

*Una revelación profunda
de la justicia de Yaweh
para las naciones.*

CONTENIDO

DEDICATORIA

Dedico este libro en primer lugar a la memoria de mi querida abuela María Francisca Pírela de Hernández, mi amiga, mi guía, mi consejera. Ella estuvo presente en los momentos más importantes de mi niñez, siempre constante, amable, alegre, dando lo mejor de sí para verme alegre. Aún recuerdo lo feliz de mi infancia, despertar cada mañana y ver su rostro -siempre me dio seguridad- su abrazo mañanero me brindaba el mejor calor para soportar el frío de la vida. Nunca olvidaré ese chocolate que preparaba para mí cada tarde; tú mi defensora en mis travesuras, cómplice de todos mis sueños y mis locuras, mi maestra.

Gracias mi MA FRANCISCA por tantas enseñanzas, por tantos recuerdos, por tanto amor. Te recuerdo bonito, y me lleno de gozo por todo lo que me diste mientras estuviste conmigo. Tu instrucción me llevó no solo a estudiar leyes y graduarme de abogado, sino a escribir esta obra literaria. Se que si estuvieras viva, lo dedicarías a tu querido padre Julio Pírela por aquellos escritos que nunca se dieron a conocer pero que quedaron en mi memoria. También a mi tía Ana Josefa Pírela quien me dio las primeras lecciones de historia de Venezuela y me enseñó a leer.

A mi amada esposa, hijos y nietos, ellos son los herederos de este mensaje.

Dedico muy especialmente a mi Venezuela querida. A todos aquellos que son amantes de la justicia y el derecho, a los que se mantienen firmes ante el cumplimiento de la ley y el temor a Dios aunque se desplomen lo cielos.

Nota:

A mi querido tío Edin Hernández Pírela, un gran hombre imperador y gran maestro de la vida. Comisario en el distrito Colón, amante de la ley y la justicia, un gran luchador social, además de poeta y narrador de grandes historia vividas.

Finalmente dedico este libro a las dos personas más maravillosas mi vida, mi padre Juan Hernández, un gran señor y mi dulce cantor, mi héroe, y a Evelia Rosa de Hernández, mi madre, maestra y conquistadora de la vida, mi más grande heroína.

Dr. Juan José Hernández

AGRADECIMIENTO

Agradezco a Dios en primer lugar por haberme inspirado a escribir esta obra literaria esperando que sea de mucha bendición para las naciones, por darme el conocimiento y el entendimiento de su palabra y haberme capacitado como hombre de leyes.

Mi especial agradecimiento a mi amada esposa la profeta Ligia de Hernández, mi amiga y compañera fiel, quien siempre ha estado presente en todo aquello que el Señor confía en mis manos. Gracias amada mía por tus cuidados y dedicación para que yo pudiera escribir este libro. Te amo.

Agradezco profundamente a mi amigo el pastor Douglas Camarillo del Ministerio Internacional el Rey Jesús Texas, por su guía y ayuda, por su constante motivación en el inicio de este proyecto hecho realidad, valoro mucho sus consejos ya que es un hombre de gran experiencia ministerial.

Agradezco a mi apóstol el Dr. Arnoldo Linares por tomarse el tiempo en escribir el prólogo de este mi primer libro. Gracias por ser mi mentor, maestro y padre comprensivo. Gracias por recibirnos como hijos, apoyarnos en todo emprendimiento que hacemos para el desarrollo de la obra de Dios.

También doy gracias a Dios por mis hijos espirituales, Javier Pírela y su esposa la Dra. Sunny Hernández; Juan Carlos Correa y su esposa Yesika Peña, y a Luis Romero y su esposa Génesis Paz, quienes creyeron en esta visión, dando la primera semilla financiera para el inicio e impulso de este esta obra literaria.

No podía faltar mi agradecimiento a la gran familia de nuestra iglesia *"La Comunidad de Fe"* y "El Palacio de las Águilas". En todo momento he contado con ustedes para llevar a cabo juntos la obra de Dios. Ustedes son hijos espirituales que se han ganado un lugar especial en mi vida, porque me han prestado ayuda cuando la he necesitado, siempre han estado ahí en los momentos difíciles, o simplemente porque han crecido junto a nosotros, brindándonos su amor incondicional. A todo mi equipo de ministerio pastoral, gracias por sus oraciones; siempre han estado presentes, ofreciéndome su apoyo y creyendo conmigo lo que Dios me ha enviado a hacer.

Doy gracias a Dios por mi hija de ministerio la Mgtr. Junery Chourio, quien con su esfuerzo y dedicación, trabajó en conjunto con la editorial en la organización y planificación del libro.

En el desarrollo de este libro fueron muchas las personas que no podré mencionar, pero que Dios usó para que hoy fuera una realidad, y con las cuales estoy inmensamente agradecido; sin embargo, haré mención de una hija espiritual a la cual llamaré "LA HJA DEL PADRE (Gioconda)"- quien se presentó con una ofrenda de mucho sacrificio- solo Dios, ella, mi esposa y yo sabemos que su semilla fue una renuncia personal puesta en las manos de Dios. Con Gioconda se repitió la historia de "la ofrenda de la viuda". Este fue un hecho que no podía pasar por alto, gracias amada hija por enseñarnos tanto.

Y por último y no menos importante, agradezco a mis hijos Génesis, Jennifer, Juan José, Arleanys y Rhonny, por ser ellos los primeros que siempre han creído en mí y me han acompañado en el desarrollo de la visión que Dios me ha dado. Mil gracias mis hijos por siempre tener una palabra de aliento, y por creer en mí y en este proyecto hecho realidad. Gracias por acompañarme en esta aventura y desafío de fe que supimos vencer juntos. Desde mi corazón les agradezco por siempre tener un gesto cuando más lo necesité. Gracias por existir en mi vida.

Gracias a todos.
Dios les bendiga con riquezas que superen el dinero.

PRÓLOGO

Conozco desde hace mucho tiempo a mi buen amigo Dr. Juan Hernández, y con toda confianza puedo recomendar este libro, pues, más allá de su alto contenido didáctico, jurídico y teológico, su persona es inspiradora y de una influencia desinteresada. Convencido estoy que lo pretendido por este hombre de Dios, es el establecimiento del Reino del Señor en su amada nación en primer lugar, y la expansión del mismo en todos los pueblos.

La perspectiva provista en estas selectivas notas es totalmente atípica a las líneas de pensamientos de autores y escritores del cristianismo, ya que acude a retomar los términos judiciales, desde sus raíces hebreas de la fe, aplicados al origen del Derecho Natural y apegados a la Torah provista por el Creador de todo para la convivencia (a través de sus leyes) y el progreso de las naciones. Con la conceptual terminología sobre el pecado (delito) y la delincuencia que analiza el autor, desarrolla todo el proceso de "formación de un delincuente" -lo señalo entre comillas- porque podría llamarse "deformación o degeneración", y entiendo que en la propuesta positiva del Dr. Hernández lo que se busca es la construcción y el adiestramiento del nuevo hombre según el deseo del Altísimo Dios.

Es decir, una nueva criatura según el modelo entregado por el Señor en El Monte Sinaí que tendiera desde lo más profundo de su ser a amar al Señor con todo su corazón, alma, mente y fuerzas, amar al prójimo como a sí mismo, vivir bajo el temor a Dios, guardando sus mandamientos y encontrándose con el PROPÓSITO de todas las demandas y promesas de Dios plasmada en su Santa Escritura, la cual conduce proféticamente a Cristo, el Mesías, el Hijo del Dios Altísimo, el Salvador del mundo.

Finalmente, el libro es un manual instructivo bien redactado en capítulos, para revelar el verdadero, legal y legítimo camino hacia la justicia divina, garante de una sociedad sana, blindada con los valores del reino de Dios, que apunta hacia desacelerar el entrenamiento delictivo que lamentable coloca al hombre a espalda de su Creador. Mi buen amigo el Dr. Juan Hernández hace un llamado urgente a dar a conocer el orden divino. "La justicia (la de Dios) engrandece a la nación". Rey Salomón

Dr. Arnoldo Linares R.

INTRODUCCIÓN

Eclesiastés 8:11 Como no se ejecuta inmediatamente la sentencia contra los delitos, por eso los hombres sólo piensan en delinquir... (Santa Biblia Martín Nieto).

La palabra que emplea el hebreo bíblico para referirse a la inclinación congénita, al mal o pecado es: "YETZER HARA". Cuando se obedece a la mala inclinación se inicia lo que se considera un entrenamiento para delinquir, donde la fortaleza del mal hace de lo suyo a través del hombre que ha inclinado su corazón a cometer todo tipo de delitos, violando de esta manera la soberana voluntad de Dios. La Biblia declara que la imaginación del corazón del hombre es perversa. Esta declaración la encontramos en el libro de Génesis. Veamos.

Génesis 6:5-6 YAHWEH vio que la gente en la tierra era demasiado perversa, y todas las imaginaciones de sus corazones eran siempre de maldad. YAHWEH lo llevó al corazón que Él había hecho al hombre sobre la tierra, y lo ponderó profundamente (KIM).

Génesis 8:21 YAHWEH olió el aroma dulce, y YAHWEH consideró, y dijo: "Yo nunca jamás maldeciré la tierra a causa de los hombres, puesto que las imaginaciones del corazón de las personas son torcidas desde su juventud. Yo no destruiré jamás toda criatura viviente como he hecho (KIM).

La Biblia declara que toda persona en algún momento sucumbe a su inclinación por el mal: Eclesiastés 7:20 ciertamente no hay hombre justo en la tierra que haga lo bueno y no peque (VIN). La humanidad por sí misma, no podrá superar dicha inclinación, solo con la ayuda de Dios se podrá lograr. Yeshúa dijo en: Juan 15:5 Yo soy el vino, vosotros las ramas de la vid. El que se mantiene íntimamente unido a mí y yo a él, este lleva mucho fruto; porque separados de mí nada podéis hacer (Código Real). Si se acude a Dios por ayuda y perdón, hasta el más débil y vil delincuente o pecador puede vencer el apego al mal y así dejar de delinquir. En la biblia está documentado: Filipenses 4:13 Todo lo puedo en Cristo que me fortalece (LBLA).

No todo deseo pude llevarse a cabo, cada una de nuestras acciones tiene consecuencias presentes y eternas. Debemos ser responsables a la hora de tomar decisiones. Cada acción fuera de la voluntad de Dios es un delito que se comete y el juez del Universo en su momento actuará ponderadamente para juzgar tales acciones. En la Biblia está escrito: 1Corintios 10:23 ¿Dicen ustedes? Todo es permitido. Quizás, pero no todo es beneficioso. "¿Todo es permitido?" Quizás, pero no todo es edificante. 24 ninguno debe estar persiguiendo sus propios intereses, sino los de los demás (KIM).

Una herencia vigente dejaré para los hijos de mi patria Venezuela y las naciones, dejaré correr en mis manos la pluma divina del Eterno Yahweh, y hablaré con ponderación. Dejaré saber los dichos del Señor a través de mi boca y con lengua de sabio comunicaré el discurso de Dios, por eso: "Oíd naciones, presten atención todos los habitantes de la tierra, gobernantes, políticos, jueces, príncipes, ricos y pobres, mi lengua proclamará la palabra de Dios para vuestra reflexión, serán puestos vuestros atropellos y vuestros delitos en la balanza de la justicia de Yahweh.

Escribiré y denunciaré conforme a la palabra de justicia para confrontar y corregir la actuación violenta de los que menoscaban los derechos elementales dados por Dios a la humanidad. De los que usan el poder para cometer todo tipo de delitos atropellando a los más débiles y desamparados. La Biblia declara en: Miqueas 3:1 y dije: oíd ahora, jefes de Jacob y gobernantes de la casa de Israel. ¿No corresponde a vosotros

onocer la justicia? 2 vosotros que aborrecéis lo bueno y amáis
o malo, que les arrancáis la piel de encima y la carne de sobre
sus huesos; 3 que coméis la carne de mi pueblo, les desolláis
su piel, quebráis sus huesos, y los hacéis pedazos como para la
olla, como carne dentro de la caldera (LBLA).

Deuteronomio 32:1 Prestad atención, oh cielos, y dejadme
hablar; y escuche la tierra las palabras de mi boca. 2 caiga como
la lluvia mi enseñanza, y destile como el rocío mi discurso,
como llovizna sobre el verde prado y como aguacero sobre la
hierba. 3 porque yo proclamo el nombre del SEÑOR; atribuid
grandeza a nuestro Dios. 4 ¡La Roca! Su obra es perfecta,
porque todos sus caminos son justos; Dios de fidelidad y sin
injusticia, justo y recto es Él (LBLA).

Durante el pasado y en nuestro presente, los derechos humanos
han sido menoscabados, originando actos de barbaries y
discriminación contra pueblos enteros por quienes siempre
han pretendido tener el poder absoluto en sus países. Yeshúa,
el Mesías declaró: Juan 14:6 Jesús le dijo: yo soy el camino, y
la verdad, y la vida; nadie viene al Padre sino por mí (LBLA).
Escrito en 1Corintios 15:22 porque, así como en Adán todos
mueren, también en Cristo todos serán vivificados (LBLA).

Después del delito cometido por Adán y Eva en el Jardín del
Edén, Caín su primogénito fue el primer hombre en derramar
sangre en la tierra, convirtiéndose así en el primer homicida
del planeta. Este crimen no fue pasado por alto por el Padre
creador, la justicia tenía que ser aplicada de inmediato, y fue
sentenciado por el más alto tribunal del Universo. El gran juez
dictaminó la sentencia, Caín fue aislado del resto de los seres
humanos, él era un peligro para la vida, así está documentado
en la Biblia.

Génesis 4:10 – 14 YAHWEH dijo: "¿Qué es lo que has hecho? ¡La voz de la sangre de tu hermano está gritándome desde la tierra! Ahora tú eres maldito desde la tierra, la cual ha abierto su boca para recibir la sangre de tu hermano de tus manos. Cuando coseches la tierra ya no te dará su fuerza a ti, temblores y quejidos serás en la tierra." Kayin dijo a YAHWEH: "mi crimen es demasiado grande para ser perdonado. Me estás echando hoy de la tierra y de tu presencia, seré un fugitivo vagando por la tierra, y cualquiera que me encuentre me matará"(KIM). Echados de la presencia de Dios, Romanos 3:23 por cuanto todos pecaron, y están destituidos de la gloria de Dios (NRVA200).

Hoy ese mismo JUEZ, está observando todas las violaciones que a diario se comenten contra los derechos humanos, los crímenes que se ejecutan a cada instante, muchos de ellos en nombre de la justicia. Hoy al igual que la sangre del justo Abel en el pasado, clama desde lo más profundo de la tierra por justicia, en este tiempo también, se levantan los pueblos y Naciones con un grito desgarrador pidiendo justicia ante el trono de Yahweh. El crimen de Caín no pudo ser ocultado, tampoco los serán los de esta generación, y es que los ojos de Yahweh bordean al planeta, 2 Corintios 16:9 Porque los ojos del SEÑOR contemplan toda la tierra, para corroborar a los que tienen corazón perfecto para con Él...

El creador de la vida trazó el camino que conduce a la humanidad entera a recuperar el derecho a la vida otorgada por Dios. Yeshúa es el camino y nadie más, así lo establece Juan 14:6 Jesús le dijo: yo soy el camino, y la verdad, y la vida; nadie viene al Padre sino por mí (LBLA).

Las enseñanzas de Yeshúa así lo revelan, perdonar a los demás, dar la vida por otros, mostrar amor hacia el prójimo, bendecir y no maldecir a quienes piensan distintos a ti; enseñanzas que nos conducen al único lugar donde se nos garantiza el derecho a la vida, esto es en el corazón de Dios; solo la obra de Yeshúa en la cruz del calvario nos garantiza el derecho a la vida plena.

Con sus ideas torcidas acerca de la justicia muchos eruditos, intelectuales, filósofos, políticos, gobernantes, religiosos y sabios, tratan constantemente de torcer el camino que Dios señaló para devolvernos la vida. Ellos pretende torcer los dichos y enseñanzas de Cristo; cambiar lo que Yeshúa enseñó en su meta, que no se cumpla la voluntad de Dios en la tierra, sino la de ellos y de quien los guía, "el diablo o Satanás", así está documentado en: Romanos 1:21- 2 pues aunque conocían a Dios, no le honraron como a Dios ni le dieron gracias, sino que se hicieron vanos en sus razonamientos y su necio corazón fue entenebrecido. Profesando ser sabios, se volvieron necios (LBLA).

Efesios 2:2 en los cuales anduvisteis en otro tiempo según la corriente de este mundo, conforme al príncipe de la potestad del aire, el espíritu que ahora opera en los hijos de desobediencia (LBLA).

Estos que se creen los maestros y conductores de la vida desean adueñarse inclusive del pensamiento de las personas, y están educando a las naciones como pensar y que pensar para tener una mejor vida. Los criterios de la libertad y de la justicia son objetados por estos pensadores de maldad, su oficio es crear el caos y muerte, sus ideas falsas solo revelan que ellos mismo son presa del mal y del engaño en el que muchos lamentablemente se encuentran inmersos.

1Corintios 1:18-21 porque la palabra de la cruz es necedad para los que se pierden, pero para nosotros los salvos es poder de Dios. porque está escrito: DESTRUIRE LA SABIDURIA DE LOS SABIOS, Y EL ENTENDIMIENTO DE LOS INTELIGENTES DESECHARÉ. ¿Dónde está el sabio? ¿Dónde el escriba? ¿Dónde el polemista de este siglo? ¿No ha hecho Dios que la sabiduría de este mundo sea necedad? Porque, ya que en la sabiduría de Dios el mundo no conoció a Dios por medio de su propia sabiduría, agradó a Dios, mediante la necedad de la predicación, salvar a los que creen (LBLA).

Cerca está la hora en que los poderosos de la tierra tendrán que dar cuenta al supremo juez del universo y dador de la vida por sus constantes violaciones al código jurídico del cielo y de la tierra. Santiago 5:1-5 ¡Oíd ahora, ricos! Llorad y aullad por las miserias que vienen sobre vosotros. Vuestras riquezas se han podrido y vuestras ropas están comidas de polilla. 3 vuestro oro y vuestra plata se han oxidado, su herrumbre será un testigo contra vosotros y consumirá vuestra carne como fuego. Es en los últimos días que habéis acumulado tesoros. Mirad, el jornal de los obreros que han segado vuestros campos y que ha sido retenido por vosotros, clama contra vosotros; y el clamor de los segadores ha llegado a los oídos del Señor de los ejércitos. Habéis vivido lujosamente sobre la tierra, y habéis llevado una vida de placer desenfrenado; habéis engordado vuestros corazones en el día de la matanza. (LBLA).

Dios tiene una agenda para la vida, Jeremías 29:11 Porque Yo sé qué planes tengo en mente para ustedes, "dice YAHWEH", planes de Shalom, no para cosas malas; para que ustedes puedan tener esperanza y un futuro (KIM). Los gobernantes de las naciones pretenden guiarnos con sus mensajes idealistas y humanistas ofreciéndonos estabilidad en un mundo inestable gracias a las mentiras que han sembrado en la mente de las personas ingenuas que han creído y aceptado sus discursos, ofertas de libertad y democracia cuando en realidad han llevado a la población a estar sumergidas en la ignorancia, alejándolas cada vez más de la verdadera libertad, atados a las cadenas de la esclavitud moral, ética, y espiritual.

Además de todo esto mantiene a nuestros pueblos en total miseria material, lejos de la prosperidad que merecen, entretenidos como niños con juguetes caros, que en realidad solo ellos son beneficiados. Con sus leyes torcidas y equivocados pensamientos se convierten en los creadores de un nuevo mundo sin Dios y sin sus leyes divinas, ejerciendo completo control de la población mundial. Es un nuevo orden global completamente inestable con dirección al caos y a la destrucción.

Pero muy a pesar de todo esto, Dios sale en defensa de su creación, nos deja saber que esta agenda del mal no contiene sus páginas, sus pensamientos, en cambio la suya sí. En la Biblia está documentado el plan de vida para toda la humanidad, donde los pensamientos de Dios dejan ver su buena voluntad para todos y no para unos pocos, Isaías 55:8 Porque mis pensamientos no son vuestros pensamientos, ni vuestros caminos mis caminos, declara el SEÑOR. 9 porque como los cielos son más altos que la tierra, así mis caminos son más altos que vuestros caminos, y mis pensamientos más que vuestros pensamientos (LBLA).

Damas y caballeros, la Biblia registra que la vida de Dios se manifestó en Jesucristo, para sacar a la humanidad de la oscuridad espiritual que la rodea, Juan 1:4 En Él estaba la vida, y la vida era la luz de los hombres (LBLA). Es hora de restaurar la vida y solo el Señor Yeshúa Hamshiaj (Jesucristo) puede hacerlo, solo Él pudo decir Jua 11:25…Yo soy la resurrección y la vida; el que cree en mí, aunque muera, vivirá. (LBLA).

La vida siempre ha sido amenazada por los señores de la muerte, los hijos de Caín no desean la vida porque no la tienen, ellos solo saben dar muerte, cometer delitos, es un placer para ellos. Son los señores de las tinieblas, del caos, fueron ellos quienes procuraban matar a nuestro Señor Yeshúa, así lo relata el evangelio del apóstol Juan 5:18 Entonces, por esta causa, los judíos aún más procuraban matarle, porque no sólo violaba el día de reposo, sino que también llamaba a Dios su propio Padre, haciéndose igual a Dios. (LBLA).

Ellos intentaron quitarle la vida al Mesías, también lo harán con sus seguidores, por supuesto esta pretensión nunca se llevó a cabo, como tampoco se llevará a cabo la pretensión de Satanás de acabar con nuestras vidas, Yeshúa el Mesías dijo: Juan 10:17 Por eso el Padre me ama, porque yo doy mi vida para tomarla de nuevo. 18 nadie me la quita, sino que yo la doy de mi propia voluntad. Tengo autoridad para darla, y tengo autoridad para tomarla de nuevo. Este mandamiento recibí de mi Padre. (LBLA).

Las siguientes preguntas son muy interesantes para el buen entendimiento y comprensión de este tema que nos envuelve a todos. ¿Está interesado Dios por el bienestar de la humanidad? ¿La Biblia habla al respecto de los derechos humanos? Te invito a echar un vistazo a las páginas del libro más maravillo del mundo "La Biblia" en ellas están las respuestas a todas estas preguntas. Querido lector, es mi intención que usted al leer este libro reciba luz en el entendimiento de las escrituras sagradas, que su conciencia sea liberada por la luz del glorioso Espíritu Santo, para que pueda comprender la inmensa profundidad de este tema a la luz de la Biblia. Espero que disfrute cada capítulo y que sea de mucha bendición.

Dr. Juan José Hernández

Capítulo 1

Instrucción divina

Era una tarde de invierno. Mi abuela María Francisca Pírela de Hernández preparaba el chocolate caliente para tomarlo con galletas, después de haber cenado, aproximadamente entre las siete y las ocho de la noche. Ella lo bebía meciéndose en su hamaca; mi tía Ana Josefa Pírela, lo hacía en la suya; y yo, en la mía.

Aún puedo recordar el rostro de mi querida abuela. Su tierna mirada, su voz clara diciéndome, mientras tomábamos el chocolate: "Juancito, serás un gran doctor en Abogacía". Yo pensaba que se refería a doctor en Medicina. Esto se repitió en varias ocasiones, y cada vez que ella me decía "¡Juancito, serás un gran Doctor!", yo le respondía: "Sí, Ma Francisca —así llamaba a mi abuela—. Cuando me mude a la ciudad a estudiar y ser un doctor, haré una medicina para curarla de la tos".

Ella cocinaba siempre en un fogón, usando como combustible leños o carbón, y constantemente estaba expuesta al humo que inhalaba, el cual le producía tos constante. Meciéndose en su hamaca, en sus labios una sonrisa, una mirada profunda y con su suave voz, volvía a declarar: "Juancito, serás un gran doctor en Abogacía", haciendo un esfuerzo para que yo entendiera. Esto se repetía cada tarde ya casi llegando la noche, entre el canto de los pájaros y el murmullo del agua, contemplando como salían a la superficie los bocachicos, peces que abundan en nuestra región, mientras los arreboles adornaban el cielo

21

de aquella majestuosa laguna del Congo Mirador, un pueblo hermoso de palafitos, rodeado de un bello paisaje, ubicado al sur del lago de Maracaibo, Venezuela, donde nace el *relámpago del Catatumbo*.

Los palafitos son casas construidas sobre el agua, que se sostienen con pilares, a pocos metros por encima de la superficie. En ese pueblo no hay carreteras, ni vehículos, sino canales, y se utilizan botes y canoas como medio de transporte. Allí, en la "capital mundial de los relámpagos", como también es conocido mi hermoso pueblo; mi abuela, meciéndose en su hamaca, volvía a decirme: "Juancito, serás un gran doctor".

El tiempo transcurrió y llegó el momento de dejar atrás aquel hermoso lugar que me vio nacer el 26 de septiembre de 1970. Y como dice el escritor, poeta, decimista, músico, compositor y cantante venezolano, Pedro Palmar, mejor conocido como "el Indio Palmar", en su décima "La constancia de un pescador": *Me alejé de la enramada / dejando el timón atrás, / la totuma y el compás / de mi juventud pasada. / La playa que fue celada / por mí también la dejé / porque yo consideré / que ya de la pesquería / sanamente no podría / vivir y la abandoné…*

El día de la partida no lo recuerdo, pero sí el año: era 1981. Mis padres Juan Antonio Hernández Pírela y Evelia Rosa Sánchez de Hernández, migraron a la ciudad en busca de un mejor futuro para sus primeros cinco hijos, tres varones y dos hembras. Yo era el mayor con 11 años de edad. Llegué a la ciudad con muchas expectativas, la mayor de ellas estudiar y ser un gran doctor. Era mi esperanza, era mi meta cumplir los sueños de mi abuela. Además, esto de estudiar me apasionaba.

La ciudad era dura para mis padres; no fue nada fácil empezar de nuevo en un lugar donde todo era distinto. Tenía que aprender a diferenciar entre la canoa y el automóvil, entre el ruido de la ciudad y el de la naturaleza. Los paisajes eran distintos. Extrañaba mucho los palafitos, pero sobre todo a mi amada abuela Ma Francisca. Aun así me sentía contento, alegre, porque ahora tendría la oportunidad de estudiar y ser un gran doctor, como ella decía. Mi madre Evelia Rosa me dio las primeras lecciones de vida; pero fue mi hermosa Ma Francisca y su hermana Ana Josefa Pírela, mi tía, quienes me impulsaron y estimularon para la tarea que Dios me había asignado.

Mi abuela me enseñó a orar a su manera: me narraba historias bíblicas. También me enseñó historia de Venezuela, todo lo relacionado con nuestra independencia y la actuación de nuestro Libertador Simón Bolívar, la vida del gran general José Antonio Páez. Del brillante Francisco de Miranda —así lo llamaba mi abuela— contaba que fue privado de libertad; ella decía: "Juancito, las barracas españolas mantuvieron al general Miranda alejado del pueblo, pero sus ideas construyeron caminos de libertad y justicia para todo un continente, y nadie podrá encerrarlas porque están en el corazón de nuestro pueblo".

Ella se llenaba de mucho orgullo cuando me hablaba del general Rafal Urdaneta. Decía: "Con el general Urdaneta, nuestro estado Zulia estuvo presente en la lucha de Independencia", y para concluir gritaba muy emocionada: ¡Viva el general Urdaneta, carajo! Entretanto, una sonrisa se dibujaba en su rostro y una brillantez se dejaba ver en su profunda mirada; era como si me estuviera señalando el camino que me tocaría transitar, estimulándome a ser un estudioso de las leyes y de la historia de nuestro país y continente.

Aún puedo recordar su voz al narrar cómo asesinaron vilmente en una emboscada en la montaña de Berruecos, Colombia, camino de Popayán a Pasto, el 4 de junio de 1830, al Gran Mariscal Antonio José de Sucre, de quien mi abuela decía que era el mejor amigo de Simón Bolívar. "Juancito, cuatro disparos terminaron con la ilustre vida de este joven valiente y amigo leal del Libertador".

Estas lecciones eran reforzadas por mi querida tía Ana Josefa Pírela. Recuerdo su figura alta, delgada, caminando con sus pasos largos hacia el baúl donde guardaba sus libros de historia, la Biblia y documentos personales. Mis ojos brillaban y mi corazón latía de alegría al ver sus manos arrugadas con dedos largos que sostenían un libro de historia y la Biblia sacados de aquel baúl. Con una mirada y una sonrisa dibujada en su rostro me hacía la invitación a escuchar la lectura de alguna historia de Venezuela y de la Biblia que tanto me apasionaban. Una de esas tardes, cuando se ocultaba el sol, ella me enseñó una poesía, autoría de mi bisabuelo, Julio Pírela, dice así:

Bolívar supo nombrar / héroes de la independencia. / Urdaneta una eminencia, / una espada universal. / Páez la lanza mundial / que desde el llano salió / y Sucre lo acompañó / hasta el fin de su existencia. // Gracias a la providencia, Bolívar nos libertó. / Bolívar nos libertó / del yugo y la tiranía / y para más garantía / todo escrito lo dejó; / en Bogotá instaló / su ley y constitución / y porque nuestra nación / hoy está en calamidad, / proclama la humanidad / otro Bolívar Simón...

Ya instalado en la ciudad de Maracaibo, y pasado el tiempo, obtuve mi título de bachiller de la República. Era un logro, un gran sueño cumplido donde una vez más estaba presente ¡mi Ma Francisca!, mi tía Ana y mis padres Juancho y Evelia, quienes lo dieron todo para que mis hermanos y yo pudiéramos lograr nuestras metas de estudio. Tenía 17 años cuando entregué mi vida a Cristo. Inmediatamente inicié un discipulado y cuatro meses después ya estaba bautizado. Ahí también estaba el recuerdo latente de mi abuela. Ya a los 18 años era un joven predicador.

Tenía 23 años cuando me invitaron para llevar el mensaje a los privados de libertad en la famosa cárcel de Sabaneta, ubicada en el municipio Maracaibo. Recuerdo que fue un miércoles del año 1993. Me acompañó mi pastor en aquel momento, el apóstol Hernán Urdaneta, a quien debo mis primeros entrenamientos en el ejercicio ministerial.

Era una reunión especial para los privados de libertad en el lugar de máxima seguridad de ese recinto penitenciario. Ahí me tocó llevar el mensaje de libertad y justicia a los sentenciados, personas que para el momento no solo habían perdido su libertad personal por los delitos cometidos, sino que también estaban presos por sus delitos y pecados contra las leyes de Dios. Ellos necesitaban una palabra de fe y esperanza para poder recuperar su libertad espiritual.

Estaban presentes ese día algunos profetas y pastores de la localidad que también habían sido invitados a respaldar esta reunión. Recuerdo que a mitad de mi mensaje una profeta me interrumpió; ella, en medio de lágrimas y suspiros por estar bajo la presencia del Glorioso Espíritu Santo, dirigiéndose hacia mí y poniendo sus manos sobre mi cabeza, empezó a profetizar diciéndome: "Así te dice el Señor: 'Yo he tenido cuidado de tí desde el vientre de tu madre. Te he llamado a enseñar justicia, te llevaré a las naciones; tú enseñarás mi justicia a los pueblos y naciones de la tierra'". Mientras las lágrimas corrían por mi rostro, mi corazón ardía y la presencia del Espíritu Santo recorría todo mi cuerpo. Entonces vinieron a mi mente, como un relámpago, las palabras tiernas de mi amada abuela María Francisca Pírela de Hernández: "Juancito, serás un gran doctor en Abogacía".

Ahora sí tenía sentido para mí aquella instrucción que cada tarde me daba esa hermosa anciana de pelo largo y blanco, de ojos azules con mirada centellante, como el relámpago que nos alumbraba todas las noches. La profeta dijo: "Pronto saldrás a Colombia y ahí llevarás mi mensaje de justicia". Eran tiempos peligrosos en ese país, estaba latente el conflicto armado entre el gobierno, la guerrilla y los paramilitares. Colombia necesitaba urgentemente un mensaje de fe, esperanza y justicia que protegiera a su pueblo de la violencia que azotaba a la nación.

Un mes después me encontraba en tierra colombiana, como Dios lo había dicho a través de la palabra profética. Estaría un mes en ese hermoso país llevando el mensaje de justicia del Evangelio de Jesucristo.

Mi primera parada fue en el pueblo de San Andrés de Sotavento, un municipio colombiano ubicado en el departamento de Córdoba, en la costa caribeña del país. Ahí fui recibido por la iglesia local y sus pastores. Apenas recuerdo sus nombres, Hernán y Diego. El transporte había tenido un retraso y por ese motivo llegué tarde a la reunión. A pesar del inconveniente, ellos habían esperado pacientemente al predicador joven de Venezuela. Al llegar, apenas me dio tiempo de lavarme el rostro. Me dieron una bebida refrescante e inmediatamente me anunciaron y me invitaron a pasar al altar. Cuando llevaba aproximadamente quince minutos después del saludo, fui rodeado por un equipo de seguridad. Los pastores se levantaron de sus asientos, se inclinaron y empezaron a orar; al ver lo que ocurría sentí miedo y pregunté: "¿Dios, qué está pasando?". El miedo aumentaba en mi corazón. Dije: "Dios, por favor, protégeme; mis hijos en Venezuela me necesitan".

De momento vi a un anciano ponerse de pie y golpear con fuerza el piso con su bastón. Dirigiendo su bastón hacia mí, dijo: "Un momento, que Dios va a hablar". Nadie se movió a donde estaba la figura de aquel hombre de hombros encorvados, voz temblorosa y, además, ciego. Pensé: "Debe ser alguien de mucha autoridad en este lugar ya que nadie le dijo que guardara silencio". El anciano pronunció palabras para mí: "Así te dice Dios: 'Mi Espíritu Santo está contigo, nada malo te ocurrirá, recuerda lo que te dije en Venezuela, que te traía a las naciones a enseñar justicia'". Ahí estaba otra vez mi abuela Ma Francisca, como la voz de Dios, trayendo a mi memoria el destino profético que fijó para mí.

Ya de vuelta a Venezuela, retomé mis estudios, y obtuve el título de abogado de la República Bolivariana de Venezuela. Entre mis estudios teológicos y jurídicos, Dios me ha dado una comprensión de sus leyes y de la importancia que estas sean establecidas en el corazón de las personas. Como lo dice el texto bíblico:

Jeremías 31:33: "Porque este es el Pacto que haré con la casa de Yisra'el después de esos días", dice YAHWEH: "Yo ciertamente pondré mi Torah dentro de ellos y la escribiré en sus corazones; Yo seré su Elohim, y ellos serán mi pueblo" (KIM).

Hebreos 10:16: "Este es el pacto que haré con ellos, después de aquellos días", dice el Eterno; "pondré mis leyes en sus corazones y en sus mentes las escribiré", añade: (Código Real).

Así empezó esta historia. Dios puso en mi corazón el profundo deseo de escribir esta obra con el propósito de enseñar a las naciones su justicia revelada en la Torah (ley) o instrucción divina. La humanidad, cada vez más lejos de Dios y de sus leyes, ha estado recibiendo un entrenamiento para delinquir. La violación a los códigos jurídicos del gran legislador del universo ha traído caos y miseria a la humanidad. Así está escrito:

Isaías 24:5: También la tierra es profanada por sus habitantes, porque traspasaron las leyes, violaron los estatutos, quebrantaron el pacto eterno (LBLA).

Juan José Hernández

En su segunda epístola, el apóstol Pedro escribió al respecto lo siguiente:

2 Pedro 2:14: Cometen adulterio con solo mirar y nunca sacian su deseo por el pecado. Incitan a los inestables a pecar y están bien entrenados en la avaricia. Viven bajo la maldición de Dios (NTV).

Yahweh diseñó y al mismo tiempo creó todo lo que existe. Con su poder hizo todo este vasto y profundo universo, grandes sistemas planetarios, incluyendo nuestro sistema solar; puso leyes que hacen o permiten que se mantenga el orden de toda la creación. En la tierra puso al hombre creado a su imagen y a su semejanza; lo estableció como gobernante de este nuestro planeta. Le confió el Edén, dándole leyes u ordenanzas a las cuales llamamos *instrucción divina* por proceder del corazón de Dios y de la mente más brillante del universo, la de Yahweh. Solo Dios como arquitecto y fundador de la tierra y gran legislador podía promulgar leyes para mantener el orden y la protección de todo lo creado. La sujeción a la ley de Dios era la garantía para que todo lo creado permaneciera en la eternidad. El hombre debía mantenerse fiel a la instrucción del Eterno. Así lo demandaba el Creador. En la Biblia está documentado:

Génesis 1:1: En el principio creó Dios los cielos y la tierra (LBLA).

Nehemías 9:6: Sólo tú eres el Señor. Tú hiciste los cielos, los cielos de los cielos con todo su ejército, la tierra y todo lo que en ella hay, los mares y todo lo que en ellos hay. Tú das vida a todos ellos y el ejército de los cielos se postra ante tí (LBLA).

Isaías 40:28: ¿No lo sabes? ¿No has oído? Yahweh es el Elohim eterno, Creador de los confines de la tierra. Nunca se cansa ni se fatiga, y su sabiduría es insondable (VIN).

Apocalipsis 4:11: Digno eres, Señor y Dios nuestro, de recibir la gloria y el honor y el poder, porque tú creaste todas las cosas, y por tu voluntad existen y fueron creadas (LBLA).

Salmos 8:3: Cuando contemplo tus cielos, obra de tus dedos, la luna y las estrellas que formaste (VIN).

Job 9:8: el que solo extiende los cielos, y holla las olas del mar; Job 9:9: el que hace la Osa, el Orión y las Pléyades, y las cámaras del sur; Job 9:10: el que hace grandes cosas, inescrutables, y maravillas sin número (LBLA).

Esta es la Osa Mayor, también conocida como Carro Mayor; es una importante constelación del hemisferio norte celeste, cerca del polo norte. Los griegos la conocían en la Antigüedad como la Osa y el Carro, los romanos como la Osa Mayor o los Septem Triones (los siete bueyes). Constelación, cualquiera de las 88 agrupaciones de estrellas que aparecen en la esfera celeste y que toman su nombre de figuras religiosas o mitológicas, animales u objetos. Orión (astronomía), constelación situada sobre el ecuador celeste, al este de Tauro. Es alargada, con tres estrellas en línea cerca de su centro. Pléyades (astronomía), cúmulo abierto de unas 400 o 500 estrellas, a unos 415 años luz del Sistema Solar, en dirección a la constelación Tauro. Las estrellas están separadas unas de otras por una distancia media de un año luz, y las fotografías muestran que están rodeadas de una nebulosidad que brilla por la luz que reflejan de estas estrellas [Comentario de la KIM].

Amós 5:8: Él hizo las Pléyades y el Orión, él convierte la tiniebla profunda en amanecer y oscurece el día como la noche, él convoca el agua del mar y la derrama sobre la tierra —¡su nombre es Yahweh! (VIN).

Colosenses 1:16: Porque en Él fueron creadas todas las cosas, tanto en los cielos como en la tierra, visibles e invisibles; ya sean tronos o dominios o poderes o autoridades; todo ha sido creado por medio de

Él y para Él. Col 1:17: Y Él es antes de todas las cosas, y en Él todas las cosas permanecen (LBLA).

Para obedecer a la Torah o instrucción divina del Eterno, necesitamos primero conocer a Dios como nuestro Padre Celestial y único legislador; segundo, debemos interesarnos en conocer su Torah, entender, saber qué significa esta palabra. En el salmo 19, el salmista nos habla de pureza y perfección de la Torah de Yahweh. Así está escrito:

Salmos 19:7: La Torah de Yahweh es perfecta, y transforma la vida; los decretos de Yahweh son duraderos, y hacen sabio al sencillo. Sal 19:8: Los preceptos de Yahweh son justos, y alegran el corazón; la Torah de Yahweh es clara, e ilumina los ojos. Sal 19:9: el respeto de Yahweh es puro, y dura para siempre; los juicios de Yahweh son verdaderos, del todo justos. Sal 19:10: Son más deseables que el oro, que mucho oro fino, y más dulces que la miel, que las gotas del panal. Sal 19:11: Tu servidor les hace caso; en obedecerlos hay grande recompensa (VIN).

Si deseas conocer más, no te detengas, sigue avanzando; lo mejor está en los próximos capítulos. Te esperan más sorpresas de parte de tu Creador.

1 Corintios 2:9: sino como está escrito: cosas que ojo no vio, ni oído oyó, ni han entrado al corazón del hombre, son las cosas que Dios ha preparado para los que le aman (LBLA).

Daniel 2:22: Él es quien revela lo profundo y lo escondido; conoce lo que está en tinieblas, y la luz mora con Él. Dan 2:23: A tí, Dios de mis padres, doy yo gracias y alabo, porque me has dado sabiduría y poder, y ahora me has revelado lo que te habíamos pedido, pues el asunto del rey nos has dado a conocer (LBLA).

Vamos, acompáñame al siguiente capítulo, que la aventura de este libro apenas comienza.

CAPÍTULO 2

ENTRENADOS

Eclesiastés 8:11: Como no se ejecuta inmediatamente la sentencia contra los delitos, por eso los hombres sólo piensan en delinquir (Versión-Martin-Nieto).

La historia ha documentado los grandes delitos que la humanidad ha cometido. Todos ellos están delante de Dios. Un día cada persona rendirá cuenta por cada obra, sea buena o sea mala. Comparecerán ante su tribunal por la indiferencia a sus leyes. Así está documentado:

Eclesiastés 12:14: Pues Dios juzgará toda obra, buena o mala, aun la realizada en secreto (Nueva versión internacional 1999).

Romanos 2:6: El cual pagará a cada uno conforme a sus obras. Rom 2:7: vida eterna a los que, perseverando en bien hacer, buscan gloria, honor e inmortalidad. Rom 2:8: pero ira y enojo a los que pensando solamente en sí mismos no sólo rechazan la verdad, sino que sirven a la injusticia (Traducción Código Real).

La violación a la norma divina será sancionada por el juez supremo. Cada delito cometido por los seres humanos está siendo investigado por la fiscalía del cielo. En el libro de Deuteronomio, Dios establece el orden de investigación que se debería seguir cuando alguna persona es acusada ante un tribunal de cometer delitos. Se debe respetar el debido proceso del orden judicial de Yahweh. Veamos:

Deuteronomio 19:16: Si un hombre comparece contra otro para testificar maliciosamente y da falso testimonio contra él,

31

Deuteronomio 19:17: las dos partes en disputa comparecerán ante Yahweh, ante los sacerdotes o magistrados en autoridad al momento Deuteronomio 19:18: y los magistrados harán una investigación cabal. Si el hombre que testifica es un testigo falso, si ha testificado falsamente contra su prójimo Deuteronomio 19:19: "debes hacerle a él lo mismo que él planeaba hacerle a su prójimo. Así eliminarás el mal de tu medio (VIN).

El libro del Apocalipsis nos da una visión más clara sobre este tema:

Apocalipsis 20:4: Y vi tronos, y se sentaron en ellos, y les fue dada autoridad para hacer juicio. Me fue concedido ver también las almas de los que fueron decapitados por causa de su apego incondicional a la Torah (Ley) y a su firme convicción acerca de la verdadera identidad de Yeshua, los cuales no sirvieron a la bestia ni a su imagen, ni aceptaron que le codificaran su mano derecha o su frente; ellos fueron resucitados y reinaron con el Mashiaj mil años (Traducción Código Real).

También el Señor dijo que sus discípulos serían parte de su tribunal en el día de juicio.

Mateo 19:28 Y Jesús les dijo: En verdad os digo que vosotros que me habéis seguido, en la regeneración, cuando el Hijo del Hombre se siente en el trono de su gloria, os sentaréis también sobre doce tronos para juzgar a las doce tribus de Israel. (LBLA).

Rebelarse contra la ley de Dios es un delito que la humanidad ha cometido y sigue cometiendo hasta nuestro presente. La conducta de muchos sigue siendo reprobada, no pasan el examen a la hora de hacer lo correcto. Cada vez se hunden más y más en la desobediencia. Es tiempo de volvernos a Dios y reconocer que se ha pecado contra Él y que nuestras ofensas han llegado hasta el cielo. Así dice la Palabra:

Isaías 59:12: Porque nuestros muchos pecados están delante de tí, nuestra culpa testifica contra nosotros. Estamos conscientes de nuestros pecados, y conocemos bien nuestras maldades, Isa 59:13: rebelión, infidelidad a Yahweh, y apartarnos de nuestro Elohim, planear opresión y traición, concebir mentiras y proferirlas con la garganta. Isa 59:14: El derecho se queda lejos y la vindicación se mantiene a distancia, porque la honradez tropieza en la plaza y la rectitud no puede entrar. Isa 59:15: La honradez está ausente, al que se aparta del mal lo despojan. Yahweh lo vió y le desagradó que no hubiera justicia (VIN).

En su tiempo, el profeta Edras fue un gran reformador. Él fue el fundador de la orden de los escribas. Ayudó a establecer el canon de las Escrituras y el orden de los salmos. Este profeta fue el primero que comenzó una renovación del estudio bíblico; su deseo era empezar una renovación espiritual en su nación. Así está documentado en el capítulo 9 de su libro:

Esdras 9:6: y dije: Dios mío, confuso y avergonzado estoy para levantar, oh Dios mío, mi rostro a tí; porque nuestras iniquidades se han multiplicado sobre nuestra cabeza, y nuestros delitos han crecido hasta el cielo.

A cada generación que ha existido, Dios las ha invitado a hacer arrepentimiento, a volver a sus caminos; a tener un encuentro con Él y sus leyes.

Hechos 17:30: Pues bien, Dios pasó por alto aquellos tiempos de tal ignorancia, pero ahora manda a todos, en todas partes, que se arrepientan (NVI).

El concepto de *arrepentimiento* que algunos manejan, a mi parecer, es muy incompleto. Desde esta perspectiva, *arrepentimiento*, según algunos maestros de la Biblia, es un cambio de mentalidad en cuanto al pecado; en lo cual estoy en total acuerdo, pero *arrepentimiento* es mucho más que eso.

Cuando miramos los orígenes más recónditos del idioma bíblic hallamos la palabra hebrea que se esconde tras las traduccione en los distintos idiomas. Me refiero a la palabra *teshuvah*, qu se traduce tradicionalmente como 'arrepentimiento', per dicho concepto, como dijimos al principio, está incomplet La palabra *teshuvah* tiene una hermosa profundidad: tiene s raíz (origen) en otra palabra hebrea similar, בוש "shuvah", qu quiere decir 'retornar o volverse a algo', *según el diccionari Strong* [7725-8866]. Por lo cual *teshuvah* no tan solo nos indic un cambio de comportamiento, arrepentimiento, sino alg más profundo y lindo: es "volver, retornar a YAHWEH". U hermoso ejemplo lo encontramos en las palabras del profet Joel cuando dijo:

Joel 2:13: Rasguen su corazón en vez de su vestido, y vuelvan Yahweh su Elohim. Que él es bondadoso y compasivo, lento para l ira, abundante en amor, y que renuncia al castigo. (VIN)

El profeta Jeremías, dirigiéndose al país de Israel, lo invita, d parte de Dios, a volverse de sus malos caminos, a dejar a ur lado sus conductas inapropiadas.

Jeremías 25:5: cuando les decían: "Vuélvanse, cada uno, de su ma camino y de sus obras perversas, para que permanezcan par siempre en la tierra que Yahweh les ha dado a ustedes y a su padres". (RV 1960)

Si no nos volvemos a Dios y cambiamos de dirección, pront seremos citados ante el juez supremo, compareceremos ante su tribunal; ahí seremos pesados en la balanza de la justici eterna; nuestras acciones quedarán al desnudo, y si hemos cometido delitos, la sentencia será dictada por el juez suprem del universo. Todo plan perverso llevado a cabo será juzgado entonces será tarde. Hoy es el tiempo de volvernos a Dios proclamó el apóstol Pedro en su discurso el día del pentecostés

Hechos 3:19: Por lo tanto, arrepiéntanse [teshuvah] y vuélvanse a YAHWEH, para que sus pecados sean borrados (KIM).

Les presentaré un claro ejemplo de esto:

En el Evangelio de Lucas, capítulo 19: 1 al 10, encontramos la historia de un hombre llamado Zaqueo; "era jefe de los publicanos, y rico". Zaqueo no era una persona simpática, según los judíos, en Jericó, la ciudad donde Zaqueo vivía y trabajaba. Los ciudadanos de Jericó consideraban que los publicanos eran pecadores; evidentemente muchos de ellos abusaban del sistema. Los vecinos de Zaqueo seguramente creían que había adquirido su riqueza por medio de la extorsión de la gente. Este hombre de mala reputación, cuando escucha que Yeshua estaba en Jericó, hace todo lo posible por tener un encuentro con él. Zaqueo seguramente sabía que el Señor, Yeshua Hamashiaj, a través de su mensaje de salvación, le brindaba al pueblo la oportunidad de arrepentirse y ponerse a cuenta con Dios. Era su oportunidad y no la perdería. Este hombre reconoció que había cometido el delito de desobedecer la ley de Dios, la Torah:

Lucas 19:8: Y Zaqueo, puesto en pie, dijo al Señor: He aquí, Señor, la mitad de mis bienes daré a los pobres, y si en algo he defraudado a alguno, se lo restituiré cuadruplicado.

Estuvo dispuesto a devolver lo que no era suyo, todo lo que había obtenido de manera ilícita. Zaqueo hace arrepentimiento genuino, hace teshuvah, se vuelve de su mal camino; decide ponerse a derecho con la ley Torah de Yahweh. Decide obedecer los mandamientos del Señor. Veamos:

Levítico   6:1: Entonces habló el Señor a Moisés, diciendo: Lev 6:2: Cuando alguien peque y cometa una falta contra el Señor, engañando a su prójimo en cuanto a un depósito o alguna cosa que se le ha confiado, o por robo, o por haber extorsionado a su prójimo,

Lev 6:3: o ha encontrado lo que estaba perdido y ha mentido acerca de ello, y ha jurado falsamente, de manera que peca en cualquiera de las cosas que suele hacer el hombre, Levítico 6:4: será, entonces que cuando peque y sea culpable, devolverá lo que tomó al robar, o lo que obtuvo mediante extorsión, o el depósito que le fue confiado o la cosa perdida que ha encontrado, Lev 6:5: o cualquier cosa acerca de la cual juró falsamente; hará completa restitución de ello y le añadirá una quinta parte más. Se la dará al que le pertenece e día que presente su ofrenda por la culpa. Lev 6:6: Entonces traerá al sacerdote su ofrenda por la culpa para el Señor, un carnero sin defecto del rebaño, conforme a tu valuación como ofrenda por la culpa, Lev 6:7: y el sacerdote hará expiación por él delante de Señor, y le será perdonada cualquier cosa que haya hecho por la cual sea culpable (LBLA).

De manera que la historia de Zaqueo nos enseña lo que es un verdadero arrepentimiento. El verdadero arrepentimiento es estar apenado por tus pecados delante de Dios. El verdadero arrepentimiento es un dolor genuino por haber ofendido a Dios y sus leyes. Por eso el salmista dijo:

Salmos 51:1-4: Ten piedad de mí, oh Dios, conforme a tu misericordia; conforme a la multitud de tus piedades borra mis rebeliones. Lávame más y más de mi maldad, Y límpiame de mi pecado. Porque yo reconozco mis rebeliones, y mi pecado está siempre delante de mí. Contra tí, contra tí solo he pecado, y he hecho lo malo delante de tus ojos; para que seas reconocido justo en tu palabra, y tenido por puro en tu juicio. (VIN)

El arrepentimiento implica volverse a Dios de los malos caminos, empezar a obedecer su ley, su Torah. Arrepentimiento es transitar por el camino de la obediencia. Lo contrario es delinquir, o sea, cometer un delito; infringir voluntariamente una norma jurídica, cuando la acción u omisión se encuentren sancionadas en la ley penal.

Zacarías 1:4: No seáis como vuestros padres, a quienes los antiguos profetas proclamaron, diciendo: "Así dice el Señor de los ejércitos: 'Volveos ahora de vuestros malos caminos y de vuestras malas obras'". Pero no me escucharon ni me hicieron caso declara el Señor.

El profeta Joel, en el capítulo 3 del libro que lleva su nombre, hace una breve descripción de lo que les ocurrirá a todos aquellos que cometieron el delito de saquear las cosas sagradas del templo en Jerusalén. Todos aquellos que hurtaron no solamente las cosas sagradas para el uso del santuario, sino a quienes se repartieron las tierras del país, los que abusaron de su autoridad, violando niños, poniéndolos en el mercado para ser vendidos como esclavos; todos ellos, si no se arrepienten a tiempo y se vuelven a Dios, tendrán que rendir cuenta al supremo juez por sus actos de injusticia. Aquellos que emplean el dinero para satisfacer sus placeres sexuales aberrantes, en adulterio, fornicación y aun en bestialismo, todos un día serán pesados en la balanza de la justicia eterna. De esto último, el apóstol Santiago nos dice:

Santiago 5:1: ¡Oigan ahora, ustedes los ricos! Lloren y aúllen por las miserias que vienen sobre ustedes. Santiago 5:2: Sus riquezas se han podrido, y sus ropas están comidas de polilla. Santiago 5:3: Su oro y plata están enmohecidos; su moho servirá de testimonio contra ustedes y devorará su carne como fuego. ¡Han amontonado tesoros en los últimos días! Santiago 5:4: Miren cómo clama el jornal de los obreros que cosecharon sus campos, el que fraudulentamente ustedes han retenido. Y los clamores de los que cosecharon han llegado a los oídos de Yahweh de los Ejércitos. Santiago 5:5: Ustedes han vivido en placeres sobre la tierra y han sido disolutos. Han engordado su corazón en el día de la matanza (VIN).

Pero veamos lo que dice el profeta Joel al respecto:

Joel 3:2: Reuniré a todas las naciones, las llevaré al valle de Josafat y allí las juzgaré por lo que hicieron con mi pueblo Israel. Pues dispersaron a los israelitas por todo el mundo, y se repartieron mi país. Joel 3:3: Se repartieron mi pueblo echándolo a suertes, vendieron a los niños y a las niñas, y luego se gastaron el dinero en vino y prostitutas. Joel 3:4: Juicio del Señor contra las naciones. ¿Qué quieren ustedes de mí, Tiro, Sidón y Filistea? ¿Quieren vengarse de mí? ¿Quieren cobrarse algo? ¡Pues muy pronto les daré su merecido! Joel 3:5: Ustedes robaron mi plata y mi oro, y se llevaron mis tesoros a sus templos. Joel 3:6: Se llevaron lejos a la gente de Judá, a los habitantes de Jerusalén, y los vendieron como esclavos a los griegos. Joe 3:7: Pero yo voy a sacarlos del lugar donde los vendieron, y voy a hacer que ustedes sufran la misma suerte. Joel 3:8: Venderé sus hijos e hijas a los judíos, para que ellos los vendan a los sabeos, gente de tierras lejanas. Yo, el Señor, lo he dicho (Dios habla hoy, 1994).

Querido lector:

Yahweh juzgará al mundo entero con justicia. Él empleará su ley y no un conjunto de leyes distintas para las diferentes naciones o Estados. Cuando Dios juzgue al mundo, Él lo hará con su ley. Yahweh no hace acepción de personas. En la Biblia está escrito:

Romanos 2:11: Porque no hay acepción de personas para con Dios. Romanos 2:12: Porque todos los que sin tener la revelación de la ley han pecado, sin ley también perecerán; y todos los que teniendo la ley han pecado, por las disposiciones de la ley serán juzgados. Romanos 2:13: Porque no son los oidores de la ley los justos ante Dios, sino los hacedores de la ley serán justificados. Romanos 2:14: Porque cuando los gentiles que no tienen ley hacen por naturaleza lo que la ley demanda de ellos, éstos, aunque no tengan ley, lo que hacen es ley para ellos. Romanos 2:15: Revelando así que su conducta es el resultado de las demandas de la ley que para ellos ha sido escrita en sus corazones, dando testimonio de esto lo que sucede en su conciencia racional, en ocasiones acusándolos y en ocasiones aprobándolos. Romanos 2:16: En el día en que Dios juzgue por Yeshua el Mashiaj los secretos de los hombres, conforme a mi mensaje (Código Real).

Actualmente, la anarquía está desolando a las naciones. Un mundo anárquico que no respeta la ley divina es un mundo vacío; va camino a la destrucción; está desprotegido. Es por eso que a mi parecer, la nación más poderosa del planeta no es aquella que ha desarrollado grandes armas para su defensa, sino aquella que es protegida por el Todopoderoso. Cuando una nación desarrolla una relación profunda con Dios y sus ciudadanos se apegan a sus leyes, esa nación será invencible. Así está documentado:

Salmos 33:12: ¡Dichosa la nación cuyo Dios es el Eterno, el pueblo que él eligió por heredad para sí! (Reina Valera 1990).

Pero ¿qué es la anarquía? *Anarquía* significa 'ausencia de ley'. La anarquía hace referencia a la capacidad de gobernarse a sí mismo. *Anarquía* procede del griego ἀναρχία ('anarchia'), y está compuesta del prefijo griego αν (an), que significa 'no o sin', y de la raíz *archê* (en griego αρχn, 'origen, principio, poder o mandato'). La etimología del término señala, de una manera general, aquello que está desprovisto de principio, director y origen. Esto se traduce por 'ausencia de norma', 'ausencia de jerarquía', 'ausencia de autoridad', o 'ausencia de gobierno'. Los anarquistas son por definición, anti-estado; se definen a sí mismos como su propia autoridad. En la Biblia lo podemos ver:

Romanos: 13:1-4 Sométase toda persona a las autoridades superiores; porque no hay autoridad sino de parte de Dios, y las que hay, por Dios han sido establecidas. ²De modo que quien se opone a la autoridad, a lo establecido por Dios resiste; y los que resisten, acarrean condenación para sí mismos. Porque los magistrados no están para infundir temor al que hace el bien, sino al malo. ¿Quieres, pues, no temer a la autoridad? Haz lo bueno, y tendrás alabanza de ella; porque es servidor de Dios para tu bien. Pero si haces lo malo, teme; porque no en vano lleva la espada, pues es servidor de Dios, vengador para castigar al que hace lo malo. (RV1960)

La humanidad está siendo entrenada para delinquir por Satanás. ¡El sin ley está aquí ahora mismo capacitando a naciones enteras para desafiar la ley divina y llevar a los pueblos y naciones al caos. Así está documentado en la biblia:

2 Tesalonicenses 2: 7-12 "Porque ya está en acción el misterio en contra de la ley divina; solo que hay quien al presente lo detiene, hasta que él a su vez sea quitado de en medio. Y entonces se hará público aquel inicuo a quien Yeshua matará con el espíritu de su boca, y destruirá con el resplandor de su venida. Su manifestación pública es por obra de Hasatán, con gran poder y señales y prodigios mentirosos. Y con todo engaño de iniquidad para los que se pierden, como retribución por no haber recibido la verdad con amor, para ser salvos. Por esto Dios permite que una mentalidad engañosa les alcance, para que crean la mentira. A fin de que sean traídos a juicio todos los que no creyeron la verdad, sino que se complacieron en la injusticia (Código Real).

El gran delito cometido por Satanás en el cielo causó una gran rebelión. El quiebre de la ley divina trajo caos en el cielo y luego en la tierra, cuando el hombre acepta la invitación a quebrantar la ordenanza del Eterno, de no comer del árbol de la ciencia del bien y del mal. Véase Génesis 2:17.

El hombre cae y con él la humanidad; más adelante, la sociedad y las familias que la forman también sufren las consecuencias de la rebelión, son envueltas en este caos. La caída de la sociedad dio paso a la caída de las naciones que surgirían más adelante. Leyes injustas empiezan a crearse para tratar de establecer un orden social, a través de distintos ordenamientos jurídicos; estatuir leyes para instaurar un estilo de vida distinto al que Dios había planificado para toda la humanidad. Muchas de estas leyes no tenían el propósito de revelar justicia, sino de legalizar la conducta del nuevo orden social que trajo la rebelión a las leyes establecidas por Dios desde un principio. La constitución del cielo fue pisoteada y echada a un lado. Se le dio la espalda al gran legislador del universo. El delito empieza a tomar fuerza con el primer asesinato cometido, cuando Caín mata a Abel.

Génesis 4:8 Y Caín dijo a su hermano Abel: vayamos al campo. Y aconteció que cuando estaban en el campo, Caín se levantó contra su hermano Abel y lo mató. (LBLA)

Desde entonces, grandes delitos de lesa humanidad se han cometido en nombre de la justicia, causando dolor y lágrimas. Grandes derramamientos de sangre han enlutado a pueblos, familias y naciones enteras. La violación a los derechos que el gran legislador le dio a la humanidad se ha cambiado por el derecho de hacer que la humanidad cambie aun el diseño original que el Creador nos dio como hombre y mujer. De esta manera, no solamente se han querido cambiar las leyes del Eterno, sino también al hombre creado por Dios a su imagen y semejanza.

El dolor causado por las injusticias cometidas ha formado parte del diario vivir de generaciones. La miseria de vivir en un mundo plagado de leyes injustas administradas por tribunales ilegales, que no solo violan el debido proceso de los actos judiciales de Yahweh, sino también los de sus propias leyes. El desinterés de muchos gobernantes de establecer una verdadera justicia social para sus pueblos, ha resultado en desgracia para muchos. Creo firmemente que la justicia social forma parte fundamental del Reino de Dios; Yahweh mismo prescribe un orden social en su Torah; y en la misma sabiduría divina, nuestro Señor, Yeshua Hamashiaj (Jesucristo), muestra su amor e interés por los pobres. Así dice la Palabra de Dios:

Lucas 6:20: Y mirando fijamente a sus talmidim [discípulos], decía: bendecidos los pobres porque de ellos es el Reino de Dios (Traducción Código Real).

Hoy, al igual que en el pasado, muchas de nuestras leyes carecen de justicia divina. Un ejemplo de esto es el famoso Código de Hammurabi, compuesto por 282 leyes, del cual estaremos hablando más adelante. En cambio, la Torah de Yahweh, o instrucción divina, conocida como la ley, sí contiene el espíritu de su legislador y está cargada de verdades fundamentales para el disfrute de la vida plena. El respeto a los demás, es muestra del amor al prójimo. Cultivar valores como la ética y la integridad es esencial para el buen vivir. El mundo de hoy no conoce la misericordia. La venganza es vista como la mejor manera de hacer justicia; aun en el entretenimiento de Hollywood vemos cómo el héroe de la película es aquel que sabe tomar venganza.

Lo que resguarda a una nación no es su ejército, sino la muralla de justicia que levantan sus ciudadanos y gobernantes. La misericordia es la base donde está fundamentada la justicia de Yahweh. Veamos lo que escribió el apóstol Pablo al respecto:

1Timoteo 1:13: se me mostró misericordia porque lo hice por ignorancia en mi incredulidad (LBLA).

Todos aquellos que persisten en pecar, en cometer delitos o hacer lo incorrecto, tarde o temprano tendrán que sufrir las consecuencias de sus actos, como está escrito:

Romanos 2:5-6: Mas por causa de tu terquedad y de tu corazón no arrepentido, estás acumulando ira para ti en el día de la ira y de la revelación del justo juicio de Dios, el cual pagará a cada uno conforme a sus obras (LBLA).

Si los Gobiernos no emplean correctamente la justicia, la sociedad termina corrompiéndose. Los actos de misericordia de parte de los gobernantes también serán necesarios para mantener el equilibrio. En la ley de Dios la misericordia no está dada para que el pecador siga haciendo de las suyas, no; es para darle la oportunidad de hacer lo correcto, de ponerse a derecho con la ley de Dios y su orden social. Por lo tanto, si la justicia no es empleada por las autoridades humanas, Dios hará justicia. Al ser humano se le dio la capacidad de juzgar todas las cosas que están debajo del sol, a la lupa del ojo humano, pero Dios juzgará todas las cosas secretas, todo lo que está escondido en el corazón del hombre. Así está documentado:

Deuteronomio 29:29: Las cosas que están escondidas pertenecen a YAHWEH nuestro Elohim. Pero las cosas que han sido reveladas nos pertenecen a nosotros y a nuestros hijos para siempre, para que podamos observar todas las palabras de la Toráh (KIM).

Romanos 2:16: en el día en que Dios juzgue por Yeshua el Mashiaj los secretos de los hombres, conforme a mi mensaje (Traducción Código Real).

El mundo será juzgado por nuestro Mesías. Él es el sol de justicia anunciado por el profeta Malaquías:

Malaquías 4:2: Pero para ustedes que respetan mi nombre se levantará un sol de justicia para traerles sanidad. Ustedes saldrán y saltarán como becerros de establo.

Yeshua juzgará con justicia, es decir, con leyes justas que revelan el amor y la intención de Dios Padre de salvar en primer lugar a todos los que vivieron conforme a la norma divina. Así dice la Biblia:

Salmos 9:7: [He] Pero Yahweh permanece para siempre, ha preparado su trono para el juicio. Sal 9:8: Él mismo juzga al mundo con justicia, gobierna a las naciones con equidad (VIN).

La ley o instrucción divina del Eterno Yahweh ha sido anulada en muchas naciones. La justicia, el bien, Dios y la Biblia ahora son catalogados como malos. Lo bueno es declarado malo y lo malo es visto como bueno.

Isaías 5:20: ¡Ay de los que a lo malo llaman bueno; y a lo bueno, malo! Que presentan las tinieblas como luz, y la luz como tinieblas; que presentan lo amargo como dulce, y lo dulce como amargo. Isa 5:21: ¡Ay de los que son sabios –en su propia opinión; de los que son prudentes –en su propio juicio. Isa 5:22: ¡Ay de los que son tan valientes para beber vino, y tan fuertes para mezclar licor. Isa 5:23: Y de los que vindican al culpable a cambio de soborno, y le niegan la vindicación al que tiene la razón! Isa 5:24: Ciertamente, como la paja se consume en una lengua de fuego y el rastrojo se doblega cuando arde, así la raíz de ellos será como algo podrido, y su flor se desvanecerá como el polvo. Porque han rechazado la Torah de Yahweh de los Ejércitos, han despreciado la palabra del Santo de YIsrael (VIN).

¿QUÉ ES LA PERVERSIÓN?

Es una desviación del comportamiento humano. Es el extravío del verdadero propósito, es cambiar de dirección, tomar un rumbo equivocado, es caminar hacia el mal con desenfreno. Gran parte de la humanidad ha desviado su camino, avanzan por una senda oscura hacia el mal, les espera el precipicio; carecen de conciencia de la justicia, crean leyes injustas para legalizar sus acciones erróneas, solo desean alimentar su apetito feroz por hacer todo lo contrario a lo establecido por Dios en su ley. Así está documentado:

Proverbios 17:20: El de corazón perverso nunca encuentra el bien, y el de lengua pervertida cae en el mal.

Ezequiel 9:8: Mientras mataban, yo me quedaba solo, me postré sobre mi rostro y clamé: ¡Ay, Adonay Yahweh! ¿Vas a aniquilar

todo el remanente de Yisrael al derramar tu ira sobre Yerushalem?
Eze 9:9: Él me respondió: "La iniquidad de las Casas de Yisrael
y Yahudah [Judad] es demasiado grande; el país está lleno de
crímenes, y la ciudad está llena de corrupción. Porque dicen:
"Yahweh ha abandonado la tierra; Yahweh no ve" (VIN).

Mi intención es que usted, al leer este libro, reconozca lo
lejos que ha estado de la justicia de Dios y de sus leyes. Que
reciba luz en su entendimiento para que pueda comprender
los dictámenes de la justicia divina, y que sus códigos le sean
fáciles de descodificar. Que la Palabra de Dios sea revelada a tal
nivel, que deje de ser vista como un libro de carácter religioso,
aunque sí muy espiritual, y sea recibida como la ley de Dios;
todo un estamento jurídico que el Eterno legisló para gobernar
con justicia las naciones.

Aún hay más revelación para tí. Vamos al próximo...

CAPÍTULO 3

EL GRAN DELITO

¿EN QUÉ CONSISTE EL DELITO DE REBELIÓN?

Rebelión es la acción de sublevarse contra la autoridad establecida. Rebelión, en sentido general, es un acto de resistencia a la autoridad, o de faltar a la obediencia debida en una organización jerárquica. La palabra *rebelión* también se utiliza para denominar un delito tipificado generalmente como acto colectivo violento, utilizando armas, con el fin de derrocar a las autoridades legítimas del Estado. Cuando la autoridad es ilegítima, muchos ordenamientos jurídicos consideran que existe un derecho de rebelión en cabeza de los ciudadanos (tomado de Wikipedia).

Por ejemplo, en Venezuela está tipificada la rebelión como la acción de aquellas personas o grupos de personas que usando la violencia, pretendan la derogación, suspensión o modificación de la Constitución o la declaración de la independencia de una parte del territorio nacional. Así está estatuido en la Constitución de la República y en el Código Penal. Veamos:

> *Constitución de la República Bolivariana de Venezuela. Artículo 350.* El pueblo de Venezuela, fiel a su tradición republicana, a su lucha por la independencia, la paz y la libertad, desconocerá cualquier régimen, legislación o autoridad que contraríe los valores, principios y garantías democráticos o menoscabe los derechos humanos.

Código Penal venezolano. Artículo 175. Cualquiera que, sin autoridad o derecho para ello, por medio de amenazas, violencias u otros apremios ilegítimos, forzare a una persona a ejecutar un acto a que la ley no la obliga o a tolerarlo o le impidiere ejecutar alguno que no le está prohibido por la misma, será penado con prisión de quince días a treinta meses. Si el hecho ha sido con abuso de autoridad pública, o contra algún ascendiente o cónyuge, o contra algún funcionario público por razón de sus funciones, o si del hecho ha resultado algún perjuicio grave para la persona, la salud o los bienes del agraviado, la pena será de prisión de treinta meses a cinco años. El que, fuera de los casos indicados y de otros que prevea la ley, amenazare a alguno con causarle un daño grave e injusto, será castigado con relegación a colonia penitenciaria por tiempo de uno a diez meses o arresto de quince días a tres meses previa la querella del amenazado...

¿Qué es delito? ¿Y por qué es tan importante esta palabra en el lenguaje bíblico? ¿Por qué la Biblia la emplea para referirse a aquellos que violan su ley y se levantan contra su autoridad?

Empecemos por conocer el origen de esta palabra. La palabra *delito* deriva del verbo latino *delinquiere*, que significa 'abandonar, apartarse del buen camino, alejarse del sendero señalado por la ley'. La definición de *delito* ha diferido y difiere todavía hoy entre escuelas criminológicas. En algún momento, especialmente en la tradición, se intentó establecer a través del concepto de derecho natural, creando por tanto el delito natural (tomado de Wikipedia).

Sigamos definiendo qué es *delito.* Son varias las definiciones que en la doctrina y en algunos códigos penales se ha dado al

3. El gran delito

delito. Recogiendo la de Luis Jiménez de Asúa, se define por tal "el acto típicamente antijurídico, culpable, sometido a veces a condiciones objetivas de penalidad, imputable a un hombre y sometido a una sanción penal". En consecuencia, según ese mismo autor, las características del delito serían: actividad, adecuación típica, antijuricidad, imputabilidad, culpabilidad, penalidad y, en ciertos casos, condición objetiva de penalidad.

Sebastián Soler lo define como "una acción típicamente antijurídica, culpable y adecuada a una figura legal conforme a las condiciones objetivas de esta". Por lo cual sus elementos sustantivos son: la acción, la antijuricidad, la culpabilidad y la adecuación a una figura. Para la definición de Carrara, en la cita de Soler, es "la infracción de la ley del Estado, promulgada para seguridad de los ciudadanos, resulta de un acto externo del hombre, positivo o negativo, moralmente imputable y políticamente dañoso..." (tomado del *Diccionario*. Guillermo Cabanellas de Torres, página 321).

Según la concordancia Strong, *delito* viene del hebreo *ashmah*, que significa 'pecado, delito, delitos, culpabilidad, un fallo, expiación'.

¿Qué es delito según la Biblia o instrucción divina de Yahweh?

Delito es la violación a los códigos jurídicos dados por Dios a Moisés en el Sinaí, conocido como el *Pentateuco*, un compendio de leyes descritas en estos cinco primeros libros de la Torah (Biblia). Es no obedecer sus leyes establecidas. Dios puso sus leyes en el primer país de la tierra el "Edén" y estas fueron violadas por Adán y su esposa Eva. La norma jurídica de Dios no podía ser violada si el pueblo de Israel quería convertirse en la gran nación que Yahweh había revelado a Abraham cuatrocientos años atrás. Ellos necesitaban una constitución para regirse como el nuevo Estado naciente que revelaría la cultura del Reino de Dios en la tierra y sus leyes las cuales traerían un orden social correcto. De esta manera serían el modelo de Dios para las naciones. Veamos lo que escribió el profeta Daniel al respecto:

Dan 9:5: Hemos pecado, hemos cometido iniquidades y delitos y nos hemos rebelado, apartándonos de tus mandamientos y preceptos.

¿Qué es la delincuencia?

La delincuencia se conoce como el fenómeno de delinquir o cometer actos fuera de la normativa jurídica establecida en cualquier nación.

Lucifer, el primer delincuente que hizo resistencia a la autoridad divina

Ezequiel 28:18: Por la multitud de tus delitos, con la injusticia de tu comercio, has profanado tus santuarios, y yo he sacado de ti mismo un fuego que te devore; te he reducido a cenizas sobre la tierra a los ojos de cuantos te contemplan. (SBMN)

El primer delito registrado según las escrituras no sucedió en el Jardín del Edén, sino en el Cielo. Fue ahí donde se originó la gran rebelión. Lucifer cometió la falta de levantarse contra lo establecido por Dios. Él propuso una nueva forma de gobierno, legislar a su manera y no según lo establecido por Dios. El gran legislador del universo y padre de la creación fue desafiado, sus leyes fueron tomadas en poco, consideradas injustas por el rebelde Lucifer. Un conflicto cósmico y universal se inició en los *hashamayim* (los cielos). Miles de ángeles fueron involucrados en la rebelión de Lucifer, al igual que él, cayeron en el engaño y error de Satanás. Así está escrito:

Apocalipsis 12:4: Su cola arrastró la tercera parte de las estrellas del cielo y las arrojó sobre la tierra. Y el dragón se paró delante

50

de la mujer que estaba para dar a luz, a fin de devorar a su hijo cuando ella diera a luz.

¿Qué es esta cola del dragón y qué representa? ¿Satanás tiene cola? ¿Qué es esta cola? Veamos la repuesta. Sabemos muy bien que el dragón es Satanás; él es la serpiente antigua descrita.

Génesis 3:1: Y la serpiente era más astuta que cualquiera de los animales del campo que el Señor Dios había hecho. Y dijo a la mujer: ¿Conque Dios os ha dicho: "No comeréis de ningún árbol del huerto"?

También está descrito:

Apocalipsis 12:9: Y fue arrojado el gran dragón, la serpiente antigua que se llama el diablo y Satanás, el cual engaña al mundo entero; fue arrojado a la tierra y sus ángeles fueron arrojados con él.

La *cola* es la mentira que él empleó para engañar a los seres del universo. A miles de ángeles Lucifer les propuso unirse a su rebelión, muchos de ellos aceptaron. La Biblia dice que las tres cuartas partes de estos seres maravillosos cayeron en la mentira de Satanás. Recordemos que los ángeles nunca habían escuchado una mentira. Eran seres perfectos. No conocían la maldad.

El error que cometieron fue haber inclinado su oído a su líder, o sea, a Lucifer, y alejarse de las instrucciones divinas del Padre de la creación. Lucifer era admirado por estos seres (ángeles), por lo que fue fácil para él convencerlos que se le unieran para ir en contra del que estaba sentado en el trono del monte de Sion.

Isaías 9:15: El anciano y venerable es la cabeza, y el profeta que enseña la mentira, es la cola (LBAL).

Yeshua Hamashiaj se refiere a él como el padre de mentira y de todo engaño. Él es el causante de todos los males que hay en la

51

tierra. Trajo el germen de la maldad a este nuestro planeta. Así dice la Palabra de Dios:

Juan 8:44: Sois de vuestro padre el diablo y queréis hacer los deseos de vuestro padre. Él fue un homicida desde el principio, y no se ha mantenido en la verdad porque no hay verdad en él. Cuando habla mentira, habla de su propia naturaleza, porque es mentiroso y el padre de la mentira (LBLA).

Apocalipsis 12:12: Por lo cual regocijaos, cielos y los que moráis en ellos. ¡Ay de la tierra y del mar!, porque el diablo ha descendido a vosotros con gran furor, sabiendo que tiene poco tiempo (LBLA).

Lucifer se aprovecha del desconocimiento que tienen las naciones acerca de Dios y sus leyes divinas. Él insta a los pueblos a la desobediencia. Atacando sus débiles mentes, puede lograr que lo obedezcan para sus motivos rebeldes. El apóstol Pablo escribió al respecto lo siguiente:

2 Corintios 11:3: Pero temo que como la serpiente con su astucia engañó a Eva, vuestra mente sea de alguna manera desviada de la fidelidad a Mashiaj (Código Real).

La única manera de no ser arrastrados por la seducción de Satanás es teniendo la mente de Cristo. Pero ¿qué significa tener la mente de Yeshua? Es obedecer su palabra, su instrucción divina: la Torah, su ley. Yeshua dijo al respecto:

Juan 6:38: Porque he descendido del cielo, no para hacer mi voluntad, sino la voluntad del que me envió (LBLA).

Lo que había en la mente del Mesías era obedecer los mandamientos del padre. Así dice en la Biblia:

Mateo 5:17-20 ¡Ni os pase por la mente la idea que he venido para declarar abrogada la Torah o los profetas! No he venido a abrogar, sino a mostraros cómo interpretarla correctamente. Porque de cierto os digo, hasta que pasen el cielo y la tierra, ni una yud ni un adorno de una letra sagrada, pasará de la Torah hasta que todo lo dicho en ella haya sido totalmente enseñado y alcanzado su intención original. Por tanto, quien quiera que a propósito desobedezca uno solo de los mandamientos de la Torah, que le sea aplicable, aun tratándose de los identificados como "pequeños" y cause así que los hombres también los desobedezcan, muy pequeño será llamado en el Reino de los Cielos. Más cualquiera que los obedezca y enseñe a los hombres cómo obedecerlos, muy grande será llamado en el Reino de los Cielos. Pues os digo que si vuestra manera de interpretar y obedecer la Torah no va más allá de la establecida por aquellos **soferim y perushim,** *para ir y recibir la justicia prometida en la Torah, no entraréis tampoco al Reino de los Cielos (Código Real).*

El salmista declaró:

Sal 40:8: me deleito en hacer tu voluntad, Dios mío; tu ley está dentro de mi corazón. (LBLA).

El mundo entero está a punto de entrar en el más grande engaño jamás conocido, cuando el anti-Cristo haga su entrada en el escenario político mundial. Así está documentado:

2 Tesalonicenses 2:9 -10 Cuando venga este hombre que evita la Torah, a satán le dará el poder para hacer toda clase de milagros, señales y prodigios falsos. Él le permitirá engañar, con toda clase de medios malvados, a aquellos que están camino a la destrucción, porque no quisieron recibir el amor a la verdad que los hubiera salvado (KIM).

Él evitara que las naciones conozcan la ley de Yahweh. Empleará como herramienta el error escritural de la Palabra de Dios. La mente natural no puede percibir las cosas que son del Espíritu Santo de Dios. Así lo dijo el apóstol Pablo en su menaje a los corintios.

Veamos:

1 Corintios 2:14: Pero el hombre natural no acepta las cosas del Espíritu de Dios, porque para él son necedad; y no las puede entender, porque se disciernen espiritualmente (LBLA).

Hoy en día, muchos ya han sido atrapados por este engaño satánico; sus mentes no pueden recibir la Palabra de Dios; están privados de la verdad, no son libres. Están cautivos. Así está escrito:

1 Tito 6:5: y constantes rencillas entre hombres de mente depravada, que están privados de la verdad, que suponen que la piedad es un medio de ganancia.

Nunca se muestra como en realidad es, su objetivo siempre es engañar a la humanidad.

2 Corintios 11:14: Y no es de extrañar, pues aún Satanás se disfraza como ángel de luz.

FUE ARROJADO A LA TIERRA:

Apocalipsis 12:9: Y fue arrojado el gran dragón, la serpiente antigua que se llama el diablo y Satanás, el cual engaña al mundo entero; fue arrojado a la tierra y sus ángeles fueron arrojados con él (LBLA).

La rebelión es la evidencia del más alto grado de pecado. Es un cáncer que carcome desde adentro hacia fuera. Todo lo daña. Se apodera del corazón de quienes no tienen una relación profunda con el Padre Celestial, de aquellos que desconocen la ley divina, de quienes siempre objetan lo establecido por Dios a través de su ley o forma de gobierno, de quienes desde lo más profundo de su corazón maquinan injusticia. Así dice la palabra:

54

Salmos 58:2: [¡No!] En sus corazones ustedes maquinan iniquidades, sus manos conspiran injusticias (KIM).

La honra estaba en los labios de Lucifer, pero no en su corazón. En su corazón se estaba gestando la más grande acción del mal: una nueva manera de gobernar estaba cobrando forma, una muy diferente a la del gobierno de Yahweh. Esto desataría un gran conflicto en el cielo, Lucifer no estaba dispuesto a seguir obedeciendo a su creador, legislador y máximo gobernante de los mundos creados. El plan estaba en marcha, una gran rebelión contra el gobierno de Dios se estaba planificando. Así está documentado:

Isaías 14:12 -14 ¡Cómo has caído del cielo, oh Lucero, hijo de la Aurora! ¡Cómo has caído al suelo, oh conquistador de naciones! Una vez pensaste en tu corazón: 'Subiré al cielo; más arriba de las estrellas de Elohim levantaré mi trono. Me sentaré en el monte de la asamblea, en la cumbre del Zafón. Me montaré en el **lomo de una nube** *–seré* **semejante** *al Altísimo'* (VIN).

Veamos algunos aspectos de la rebelión:

Lucifer deseaba ocupar la morada de Dios, el cielo, esperando mayor reconocimiento (Isa 14:13: *"Subiré al cielo..."*). Ocupar la morada de Dios no era el único deseo de este querubín en rebelión, también codició su gobierno sobre las huestes angélicas que se mantenían sujetas al gobierno del Padre Eterno. Él dijo que levantaría su trono "más arriba de las estrellas de Elohim" (Isaías 14:13).

Lucifer quería más poder, deseaba gobernar el monte de Sion, donde está la asamblea del universo.

Isaías 14:13: Pero tú dijiste en tu corazón: Subiré al cielo, por encima de las estrellas de Dios levantaré mi trono, y me sentaré en el monte de la asamblea, en el extremo norte (LBLA).

El libro de Job nos narra la historia de la desgracia de Job. También está registrado que Lucifer subía de vez en cuando a la asamblea del universo, donde Yahweh convoca a los representantes de los mundos creados para tratar asuntos relacionados con su gobierno universal. El representante del planeta tierra para entonces era Satanás. Así está escrito:

Job 1:6: Hubo un día cuando los hijos de Dios vinieron a presentarse delante del Señor, y Satanás vino también entre ellos.

Job 1:7: Y el Señor dijo a Satanás: ¿De dónde vienes? Entonces Satanás respondió al Señor, y dijo: De recorrer la tierra y de andar por ella.

Job 1:8: Y el Señor dijo a Satanás: ¿Te has fijado en mi siervo Job? Porque no hay ninguno como él sobre la tierra, hombre intachable y recto, temeroso de Dios y apartado del mal.

Job 1:9: Respondió Satanás al Señor: ¿Acaso teme Job a Dios de balde?

Job 1:10: ¿No has hecho tú una valla alrededor de él, de su casa y de todo lo que tiene, por todos lados? Has bendecido el trabajo de sus manos y sus posesiones han aumentado en la tierra (LBLA).

El escritor de la carta a los hebreos también menciona esta asamblea. Veamos:

Hebreos 12:18 -24 *Ustedes no se han acercado al monte que se podía tocar, al fuego encendido, a las tinieblas, a la profunda oscuridad, a la tempestad, al sonido de la trompeta y al estruendo de las palabras, que los que lo oyeron rogaron que no se les hablara más; porque no podían soportar lo que se mandaba: "Si un animal toca el monte, será apedreado". Y tan terrible era aquel espectáculo que Mosheh dijo: "¡Estoy aterrado y temblando!". Más bien, ustedes se han acercado al monte Tsiyón, a la ciudad del Elohim vivo, a la Yerushaláyim celestial, a la reunión de millares de mensajeros, a la asamblea de los primogénitos que están inscritos en el cielo, a Yahweh el juez de todos, a la comunión espiritual de los justos que han llegado a la madurez, a Yahoshúa el mediador de la nueva alianza, y a la sangre rociada que habla mejor que la de Hébel* (VIN).

La Biblia revela que Dios trasladará su gobierno a la tierra, la capital del universo, la nueva Jerusalén descenderá del cielo a la tierra. Ahí Yahweh gobernará a las naciones. Así dice la Biblia:

Isaías 2:2: Y acontecerá en los postreros días, que el monte de la casa del Señor será establecido como cabeza de los montes; se alzará sobre los collados, y confluirán a él todas las naciones. Isa 2:3: Vendrán muchos pueblos, y dirán: Venid, subamos al monte del Señor, a la casa del Dios de Jacob; para que nos enseñe acerca de sus caminos, y andemos en sus sendas. Porque de Sion saldrá la ley, y de Jerusalén la palabra del Señor (LBLA).

Isaías 2:2: En los días venideros el Monte de la Casa de Yahweh quedará afirmado por sobre las montañas, y más elevado que las colinas; y todas las naciones lo contemplarán con gozo. Isa 2:3: Y muchos pueblos vendrán y dirán: "Vengan, subamos al Monte de Yahweh, a la Casa del Elohim de Yaaqov; para que él nos instruya en sus caminos, y para que caminemos por sus sendas". Porque de Tsiyón saldrá la Torah, de Yerushalem la palabra de Yahweh (VIN).

CAPÍTULO 4

EL MONTE DE SION

Salmos 48:2: Hermoso en su elevación, el gozo de toda la tierra es el monte Sion, en el extremo norte, la ciudad del gran Rey (LBLA).

El monte de Sion es el gozo de toda la tierra. Desde ahí Dios diseñó este planeta y puso en el al hombre como un reflejo de su gloria. Desde el monte de Sion fue enviado el Hijo Yeshua Hamashiaj (Jesucristo), el Salvador de la humanidad, cuando el hombre calló de su condición espiritual original, actuando en desobediencia a la ley divina (ver Juan 3: 16). De esto hablaré con más detalle en el próximo capítulo.

Apocalipsis también nos habla al respecto. Veamos:

Apocalipsis 21:2 - 3 Y a la santa ciudad, la nueva Yerushaláyim, la vi descender del cielo de parte de Yahweh, preparada como una novia adornada para su esposo. Apo Oí una gran voz que procedía del trono diciendo: "Esta es la morada de Yahweh con los hombres, y él habitará con ellos; y ellos serán su pueblo, y Yahweh mismo estará con ellos como su Elohim (VIN).

Lucifer deseaba gobernar el monte de Sion, porque desde ahí no solamente gobernaría los cielos, sino también la tierra. Su deseo de gobernar el monte de Sion no se cumplió porque Dios no lo permitió. Yeshua Hamashiaj es a quien el padre le otorga el derecho legal de sentarse a la derecha de la majestad de su trono. Así está documentado:

Filipenses 2:9-11 Por lo cual Dios también le exaltó hasta lo sumo, y le confirió el nombre que es sobre todo nombre, para que al nombre de Jesús se doble toda rodilla de los que están en el cielo, y en la tierra, y debajo de la tierra, y toda lengua confiese que Jesucristo es Señor, para gloria de Dios Padre (LBLA).

Así también está escrito en la carta a los romanos. Veamos:

Romanos 8:34: ¿Quién osaría condenarnos? Mashiaj es el que murió; más aún, el que también fue resucitado, el que además está a la diestra de Dios, el que asimismo intercede por nosotros (Traducción Código Real).

También lo podemos encontrar en el mensaje a los hebreos. Veamos:

Hebreos 1:3: Él es el resplandor de su gloria y la expresión exacta de su naturaleza, y sostiene todas las cosas por la palabra de su poder. Después de llevar a cabo la purificación de los pecados, se sentó a la diestra de la Majestad en las alturas (LBLA).

Lucifer exigía adoración a su personalidad, no se conformaba con ser el querubín protector de la gloria de Dios, quería más. Su apetito feroz por el poder absoluto lo llevó a desear la gloria de Yahweh. Ser semejante al altísimo era su más grande meta. Él dijo: "Me sentaré en el lomo de una nube…" (Isaías 14:14).

La pretensión de Lucifer siempre fue subir sobre "las alturas de las nubes". Pero ¿qué son estas nubes? ¿Y por qué Lucifer las deseaba tanto?

Las nubes nos hablan de la gloria de Yahweh. Satanás quería la gloria de Dios para sí mismo. ¿Qué es la "gloria" de Yahweh? En hebreo es la palabra *kabod*, que significa 'peso o esencia de Dios'. Expresa el poder, el esplendor de su majestuosidad. *Kabod* también se emplea para referirse al aspecto o apariencia de alguien. *Kabod* es gloria divina. Esta palabra define la misma vida o esencia de Dios. Proviene de la raíz gramatical *cabed* que literalmente significa 'peso o riqueza' "Kabod" H3519 abundancia, honor, algo pesado, riqueza, gloria.

El significado bíblico de *kabod* se emplea para referirse a Yahweh como el más glorioso de los seres del universo, ese ser espiritual que creó al hombre como un reflejo de su gloria. Así está escrito:

Génesis 1:26: Y dijo Dios: Hagamos al hombre a nuestra imagen, conforme a nuestra semejanza; y ejerza dominio sobre los peces del mar, sobre las aves del cielo, sobre los ganados, sobre toda la tierra, y sobre todo reptil que se arrastra sobre la tierra (LBLA).

La palabra que utiliza el griego para gloria es *doxa*, la cual apunta a la fama, gloria, claridad, majestad, opinión, alabanza, honor. De manera que el significado fundamental de la *gloria*, tanto en hebreo como en griego, refleja la grandeza, magnificencia y majestuosidad de Dios; su riqueza y esplendor al servicio de toda su creación. Aleluya. Kabod nos da a entender la grandeza de Dios. El Eterno manifestó su kabod al pueblo de Israel cuando este salía de Egipto. Ellos vieron la columna de fuego durante la noche y la nube que los protegía durante el día. Así dice la palabra de Dios:

Éxodo 13:22: No quitó de delante del pueblo la columna de nube durante el día, ni la columna de fuego durante la noche (LBLA).

Su gloria (nube) o kabod siempre estuvo acompañando a su pueblo durante toda la travesía del desierto.

Éxodo 14:19 - 20 Y el ángel de Dios que había ido delante del campamento de Israel, se apartó, e iba tras ellos; y la columna de nube que había ido delante de ellos, se apartó, y se les puso detrás. Y vino a colocarse entre el campamento de Egipto y el campamento de Israel; y estaba la nube junto con las tinieblas; sin embargo, de noche alumbraba a Israel, y en toda la noche no se acercaron los unos a los otros (LBLA).

Aarón invita al pueblo a Adorar en el desierto y la nube de la gloria de Dios se hace presente.

Éxodo 16:10: Y sucedió que mientras Aarón hablaba a toda la congregación de los hijos de Israel, miraron hacia el desierto y, he aquí, la gloria del Señor se apareció en la nube (LBLA).

Yahweh se manifestó a Moisés en una nube.

Éxodo 19:9: Y Yahweh le dijo a Mosheh: "Vendré a ti en una densa nube, para que el pueblo oiga cuando yo hable contigo y así confíen siempre en ti". Entonces Mosheh le informó las palabras del pueblo a Yahweh (VIN).

Yahweh se muestra en el monte Sinaí en una nube de gloria.

Éxodo 19:16: Al tercer día, cuando amanecía, hubo truenos y relámpagos, y una nube densa sobre el monte, y un fuertísimo toque de cuerno; y todo el pueblo que estaba en el campamento tembló (LBLA).

Éxodo 20:21: Y el pueblo se mantuvo a distancia, mientras Moisés se acercaba a la densa nube donde estaba Dios (LBLA).

Cuando Moisés sube al monte Sinaí, fue cubierto con la nube de gloria.

Éxodo 24:15: Entonces subió Moisés al monte, y la nube cubrió el monte (LBLA).

Cuando el rey Salomón inauguró el templo, los sacerdotes no pudieron ministrar a causa de la nube de gloria.

2 Corintios 5:13 -14 Cuando los trompeteros y los cantores, al unísono, se hacían oír a una voz alabando y glorificando al Señor, cuando levantaban sus voces acompañados por trompetas y címbalos e instrumentos de música, cuando alababan al Señor diciendo: Ciertamente Él es bueno porque su misericordia es para siempre, entonces la casa, la casa del Señor, se llenó de una nube, y los sacerdotes no pudieron quedarse a ministrar a causa de la nube, porque la gloria del Señor llenaba la casa de Dios (LBLA).

El rey Salomón declaró:

2 Corintios 6:1: Entonces Salomón dijo: El Señor ha dicho que Él moraría en la densa nube (LBLA).

En las Escrituras del Pacto Renovado, mejor conocido como el Nuevo Testamento, también observamos la manifestación de la gloria (kabod) de Yahweh. Un ejemplo de esto es cuando Yeshua se transfiguró, la nube de gloria se hizo presente. Así dice la Biblia:

Mateo 17:2-3 y se transfiguró delante de ellos; y su rostro resplandeció como el sol, y sus vestiduras se volvieron blancas como la luz, Mientras estaba aún hablando, he aquí, una nube luminosa los cubrió; y una voz salió de la nube, diciendo: Este es mi Hijo amado en quien me he complacido; a Él oíd. (LBLA)

El padre Yahweh habló a los discípulos de Yeshua desde la nube de gloria.

Lucas 9:35: Entonces de la nube salió una voz que decía: "Este es mi Hijo, el Escogido. Óiganlo a él" (VIN).

Fue la nube de gloria la que vino en busca de Yeshua, para llevarlo a los cielos.

Hechos 1:9: Después de decir esto, y mientras ellos lo miraban, lo elevaron; y una nube lo recibió ocultándolo de su vista (VIN).

Yeshua sí fue montado en una nube de gloria por su obediencia. Además, se sentó a la diestra del trono de Dios (el lugar que deseaba tener Lucifer). La obediencia a la Torah de Yahweh siempre será recompensada y la desobediencia siempre será castigada.

Él regresará en una nube de gloria.

Apocalipsis 10:1: Vi a otro mensajero poderoso que descendía del cielo envuelto en una nube, y el arco iris estaba sobre su cabeza. Su rostro era como el sol, y sus piernas como columnas de fuego (VIN).

Los dos testigos también reciben la invitación de Dios a entrar en la nube de gloria

Apocalipsis 11:12: Oyeron una gran voz del cielo que les decía: "¡Suban acá!" Y subieron al cielo en la nube, y sus enemigos los vieron (LBLA).

Yeshua ocupa su lugar de gobernante en la nube de la gloria de Dios.

Apocalipsis 14:14-15 Y miré, y vi una nube blanca, y sobre la nube estaba sentado uno semejante al Hijo de Hombre. Tenía en su cabeza una corona de oro y en su mano una hoz afilada Y el que estaba sentado sobre la nube lanzó su hoz sobre la tierra, y la tierra quedó cosechada (LBLA).

Después de saber el significado de la palabra *gloria*, del hebreo *kabod*, podrás captar lo que en realidad deseaba Lucifer. Su ambición lo llevó a traicionar a su creador, quien lo investió de poder y belleza.

Ezequiel 28:12: Tú eras el sello de la perfección, lleno de sabiduría y perfecto en hermosura… (LBLA).

Lucifer se cansó de prestar el servicio a Dios, abandonó la humildad. Él era el escudero, el querubín protector; su misión era resguardar al resto de la creación cuando estuvieran expuestos a la gloria (kabod) del Padre Eterno. Así está establecido:

Ezequiel 28:14: Tú, querubín protector de alas desplegadas, yo te puse allí. Estabas en el santo monte de Dios, andabas en medio de las piedras de fuego (LBLA).

Posiblemente Dios se trasladaba en sus alas. Él se fastidió de este servicio al Eterno. El libro de los salmos nos habla al respecto. Veamos:

Salmos 18:10: Cabalgó sobre un querubín, y voló; y raudo voló sobre las alas del viento (LBLA).

La soberbia es el sello de Lucifer. El orgullo y la altivez hicieron que este ser, al principio maravilloso, se convirtiera en el padre de la mentira y de todo engaño. Así está documentado:

Ezequiel 28:15: Perfecto eras en tus caminos desde el día que fuiste creado hasta que la iniquidad se halló en tí.

Ezequiel 28:17: Se enalteció tu corazón a causa de tu hermosura; corrompiste tu sabiduría a causa de tu esplendor. Te arrojé en tierra, te puse delante de los reyes, para que vieran en ti un ejemplo (LBLA).

Si hay una cosa que Dios no tolera es la arrogancia, la altivez de espíritu y el orgullo. Con una actitud de orgullo y egocentrismo jamás conquistaremos el corazón de Yahweh. Esta actitud de orgullo fue lo que hizo que Lucifer se alejara de Dios. Cambió la humildad por el orgullo. Lucifer dejó de adorar a Dios; en cambio, buscó que le adoraran a él. Creyó ser merecedor de recibir honores al igual que Yahweh. Este deseo lo llevó a levantarse contra la autoridad suprema de Dios. Fue su gran delito. Adoración es igual a servir; es un estilo de vida y Lucifer no estaba dispuesto a seguir prestando su servicio a Yahweh. La arrogancia forma parte de la naturaleza satánica; por eso Yahweh la rechaza. Así está escrito:

Salmos 101:5: Al que calumnia a su amigo en secreto lo destruiré; no soporto al arrogante y orgulloso. Sal 101:6: Mis ojos están sobre los hombres confiables del país, para tenerlos a mi lado. El que sigue el camino de los intachables estará a mi servicio (VIN).

El apóstol Pedro también escribió sobre este tema. Veamos:

1 Pedro 5:5: Asimismo ustedes, jóvenes, estén sujetos a los ancianos; y revístanse todos de humildad unos para con otros, porque: "Yahweh se opone a los arrogantes pero da gracia a los humildes" (VIN).

Yahweh dirige su mirada a los humildes de la tierra para que estén en sus asuntos de Gobierno. Así está documentado:

Salmos 101:6: Mis ojos están sobre los hombres confiables del país, para tenerlos a mi lado. El que sigue el camino de los intachables estará a mi servicio (VIN).

ME HARÉ SEMEJANTE AL ALTÍSIMO

Lucifer pretendió sentarse en la nube de gloria. Quiso ser igual a Dios en su majestuosidad, poder y dominio.

Isaías 14:14: Me montaré en el lomo de una nube —seré semejante al Altísimo (VIN).

Pero el único semejante a Dios es Yeshua (sobre esto escribiré en mi próximo libro).

"De la abundancia del corazón habla la boca... (Lucas 6:45)", dijo Yeshua en cierta ocasión, dirigiéndose a aquellos que no estaban manifestando los frutos de justicia, frutos que requerían a Dios a través de la obediencia a sus leyes divinas; a esos dirigentes de la nación que no habían atesorado la Torah de Yahweh en sus corazones, sino costumbres y tradiciones humanas.

Leyes y normas impuestas por ellos mismos que no podían regular la conducta pecaminosa de quienes, por desconocimiento de la norma jurídica del cielo, caminaban en absoluta rebelión contra Dios y sus leyes.

Los frutos de rebeldía y arrogancia de Lucifer eran evidentes; ahora se estaban manifestando en los que conducían la nación. Veamos:

Juan 8:34: Yeshua les respondió: "De cierto de cierto os digo: todo el que vive transgrediendo la Torah como un estilo de vida, es esclavo del yétzer hará (Código Real).

Continúa el texto diciendo:

Jua 8:40: Pero ahora procuráis matarme, a mí que os he dicho la verdad que oí de Dios. Esto no lo hizo Abraham. Jua 8:41: Vosotros hacéis las obras de vuestro padre. Ellos le dijeron: Nosotros no nacimos de fornicación; tenemos un Padre, es decir, Dios. Jua 8:42: Jesús les dijo: Si Dios fuera vuestro Padre, me amaríais, porque yo salí de Dios y vine de Él, pues no he venido por mi propia iniciativa, sino que Él me envió. Jua 8:43: ¿Por qué no entendéis lo que digo? Porque no podéis oír mi palabra. Jua 8:44: Sois de vuestro padre el diablo y queréis hacer los deseos de vuestro padre. Él fue un homicida desde el principio, y no se ha mantenido en la verdad porque no hay verdad en él. Cuando habla mentira, habla de su propia naturaleza, porque es mentiroso y el padre (LBLA).

En otra ocasión, Yeshua dijo:

Lucas 6:44: Pues cada árbol por su fruto se conoce. Porque los hombres no recogen higos de los espinos, ni vendimian uvas de una zarza. Luc 6:45: El hombre bueno, del buen tesoro de su corazón saca lo que es bueno; y el hombre malo, del mal tesoro saca lo que es malo; porque de la abundancia del corazón habla su boca. Luc 6:46: ¿Y por qué me llamáis: "Señor, Señor", y no hacéis lo que yo digo? (LBLA).

Levantarse contra lo establecido por Dios en su palabra es un gran delito. Quien pretende guiar su vida y la de otros por lo que dicta su corazón y mente, echando a un lado la autoridad de la palabra de Dios, es un pecador que ofende la soberanía de Yahweh, como el único y gran gobernante del universo. En la Biblia está escrito:

*Salmos 5:10: Tenlos por culpables, oh Dios; ¡que caigan por sus mismas intrigas! Echalos fuera por la multitud de **sus transgresiones**, porque se **rebelan** contra ti (LBLA).*

El mismo texto. en la traducción Kadosh Israelita Mesiánico, dice:

Salmos 5:10: ¡Oh Elohim, júzgalos! ¡Que ellos fracasen en sus consejos! Por la abundancia de sus crímenes, échalos; puesto que te han provocado (KIM).

Según el profeta Samuel, la rebelión es como el pecado de adivinación, y la desobediencia es como el pecado de idolatría. Veamos:

1 Salmos 15:23: Porque la rebelión es como pecado de adivinación, y la desobediencia, como iniquidad e idolatría. Por cuanto has desechado la palabra del Señor, Él también te ha desechado para que no seas rey (LBLA).

¿Quién creó a Lucifer?

Lucifer era perfecto cuando fue originalmente creado por Yahweh. Le fue dada una voluntad libre para escoger entre la justicia y la injusticia, entre el bien y el mal. Fue instruido para hacer lo correcto y no lo incorrecto. Al final su corazón se inclinó por el mal. Decidió transitar por el camino de la rebelión. Fue atrapado por el lado oscuro de la maldad que se originó en sí mismo. Así está documentado:

Ezequiel 28:15: Eras perfecto en todos tus caminos desde el día que fuiste creado, hasta que se halló en ti la iniquidad (KIM).

Yahweh no creó el mal. De Dios no procede nada que tenga relación con la maldad, porque Dios es bueno. Así está establecido:

Santiago 1:17: Toda buena dádiva y todo don perfecto viene de lo alto, desciende del Padre de las luces, con el cual no hay cambio ni sombra de variación (LBLA).

Dios es bueno. Así está registrado en el libro de los salmos. Veamos:

Salmos 34:8: Prueben y vean que Yahweh es bueno. ¡Benditos son aquellos que esperan en él! (KIM).

El significado de la palabra *Lucifer* es: 'portador de luz', un ser perfecto dotado de hermosura, reconocido como la "Estrella de la Mañana". Lucifer es comparado con el planeta Júpiter, nuestra estrella de la mañana vista desde nuestro planeta. Recibe menos luz del Sol que la Tierra por estar más distante. Es curioso saber que Lucifer se alejó de la luz que lo rodeaba al principio, de "la gloria de Yahweh"; por lo cual, la luz que ahora posee es poca. En cambio, la Tierra, por estar más cerca del Sol, tiene ahora suficiente luz (energía) para desarrollar la vida en el planeta. Está escrito:

Malaquías 4:2: Más para vosotros que teméis mi nombre, se levantará el sol de justicia con la salud en sus alas; y saldréis y saltaréis como terneros del establo (LBLA).

En el texto bíblico está escrito:

Isaías 14:12: ¡Cómo has caído del cielo, oh lucero de la mañana, hijo de la aurora! Has sido derribado por tierra, tú que debilitabas a las naciones (LBLA).

Lucifer "estaba lleno de sabiduría y perfecto en hermosura"; cubierto de piedras preciosas, era él "un gran querubín". Fue creado perfecto en todos sus caminos. Pero el orgullo y el egoísmo se apoderaron de él y lo llevaron a cometer el delito de rebelarse contra la ley divina que mantenía en orden y armonía la vida en el cielo. Su codicia y ambición lo condujeron a lo que ahora es. Por ese motivo, Dios lo expulsa de su presencia quitándole todo derecho de permanecer en el gran monte de Sion en los cielos. Dejó de ser el querubín protector de la gloria de Yahweh por desearla para él. Fue condenado a la muerte.

Isaías 14:12: ¡Cómo has caído del cielo, oh lucero de la mañana, hijo de la aurora! Has sido derribado por tierra, tú que debilitabas a las naciones. Isa 14:13: Pero tú dijiste en tu corazón: "Subiré al cielo, por encima de las estrellas de Dios levantaré mi trono, y me sentaré en el monte de la asamblea, en el extremo norte. Isa 14:14: "Subiré sobre las alturas de las nubes, me haré semejante al Altísimo". Isa 14:15: Sin embargo, has sido derribado al Seol, a lo más remoto del abismo. Isa 14:16: Los que te ven te observan, te contemplan, y dicen: "¿Es éste aquel hombre que hacía temblar la tierra, que sacudía los reinos? (LBLA).

Dejando su lugar en la presencia inmediata de Dios, salió a difundir el espíritu de descontentamiento entre los ángeles. Operando en misterioso secreto, y escondiendo durante algún tiempo su intento real bajo el disfraz de reverencia a Dios, se esforzó por suscitar el disgusto en relación a las leyes que gobiernan los seres celestiales, insinuando que ellas imponían una restricción desnecesaria (Conflicto cósmico, pág. 498).

Así fue Lucifer, el portador de la luz, aquel que participaba de la gloria de Dios, que servía junto a su trono; se volvió por la transgresión verdadero Satanás, que quiere decir: adversario. Así está documentado:

Ezequiel 28:12: Hijo de hombre, eleva una elegía sobre el rey de Tiro y dile: "Así dice el Señor Dios: 'Tú eras el sello de la perfección, lleno de sabiduría y perfecto en hermosura. Eze 28:13: 'En el Edén estabas, en el huerto de Dios; toda piedra preciosa era tu vestidura: el rubí, el topacio y el diamante, el berilo, el ónice y el jaspe, el zafiro, la turquesa y la esmeralda; y el oro, la hechura de tus engastes y de tus encajes, estaba en ti. El día que fuiste creado fueron preparados. Eze 28:14: 'Tú, querubín protector de alas desplegadas, yo te puse allí. Estabas en el santo monte de Dios, andabas en medio de las piedras de fuego. Eze 28:15: 'Perfecto eras en tus caminos desde el día que fuiste creado hasta que la iniquidad se halló en ti.

Eze 28:16: 'A causa de la abundancia de tu comercio te llenaste de violencia, y pecaste; yo, pues, te he expulsado por profano del monte de Dios, y te he eliminado, querubín protector, de en medio de las piedras de fuego. Eze 28:17: 'Se enalteció tu corazón a causa de tu hermosura; corrompiste tu sabiduría a causa de tu esplendor. Te arrojé en tierra, te puse delante de los reyes, para que vieran en ti un ejemplo. Eze 28:18: 'Por la multitud de tus iniquidades, por la injusticia de tu comercio, profanaste tus santuarios. Y yo he sacado fuego de en medio de ti, que te ha consumido; y te he reducido a ceniza sobre la tierra a los ojos de todos los que te miran. Eze 28:19: 'Todos los que entre los pueblos te conocen están asombrados de ti; te has convertido en terrores, y ya no serás más'" (LBLA).

Pronto el juez supremo del cielo dará la sentencia sobre Satanás, quien recibirá la pena máxima por los delitos cometidos contra Dios y contra la humanidad. El gran instigador será arrojado a la cárcel eterna donde será destruido por completo. Así dice la Palabra de Dios:

Apocalipsis 12:9: Y fue arrojado el gran dragón, la serpiente antigua que se llama el diablo y Satanás, el cual engaña al mundo entero; fue arrojado a la tierra y sus ángeles fueron arrojados con él. Apo 12:10: Y oí una gran voz en el cielo, que decía: Ahora ha venido la salvación, el poder y el reino de nuestro Dios y la autoridad de su Cristo, porque el acusador de nuestros hermanos, el que los acusa delante de nuestro Dios día y noche, ha sido arrojado.

Nos vemos en el próximo capítulo de esta historia.

CAPÍTULO 5

LA CAÍDA DEL HOMBRE

*G*énesis, del hebreo *berechit*, significa 'origen'. Este es el primer libro de la Biblia. Ahí está documentado el origen de la creación de todas las cosas; también podemos encontrar el relato de la formación del hombre, creado a imagen y semejanza de Dios. La primera pareja era un reflejo de Dios en la tierra mientras se mantuvieron en obediencia a las leyes del Señor. Una vez que entraron en desobediencia todo cambió. Se retiró la gloria de Dios de sus vidas.

La tragedia vino al Edén, un país que apenas empezaba a formarse; sus gerentes cometieron el error de quebrantar las leyes que lo regían. El caos vino a la vida de Adán y Eva al igual que a su familia. De ahí en adelante la desdicha y el infortunio vinieron a formar parte de sus vidas. La primera pareja tendría que enfrentar un juicio ante el Juez supremo. La pena por este acto de desobediencia sería sentenciada, y su ejecución se llevaría a cabo, como Dios lo había promulgado en su ley. Así está documentado:

Gén 2:17: mas del árbol de la ciencia del bien y del mal no comerás, porque el día que comieres de él, morirás sin remedio (SVBU, versión de la Universidad de Jerusalén).

Gén 1:1: En el principio creó Dios los cielos y la tierra (LBLA).

Juan José Hernández

Gén 1:26: Y dijo Dios: Hagamos al hombre a nuestra imagen, conforme a nuestra semejanza; y ejerza dominio sobre los peces del mar, sobre las aves del cielo, sobre los ganados, sobre toda la tierra, y sobre todo reptil que se arrastra sobre la tierra (LBLA).

Gén 2:15-17: YHWH Elohim tomó al hombre y lo colocó en el huerto de Edén para que lo cultivara y lo atendiera. Y YHWH Elohim le ordenó al hombre: "De todo árbol del huerto tienes libertad de comer; pero en cuanto al árbol del conocimiento del bien y del mal, no debes comer de él; porque el día que comas de él, positivamente morirás" (VIN).

De acuerdo con estos textos bíblicos, Dios crea este planeta con la intención de poner su diseño y gobierno en él. Puso al hombre como administrador de toda la tierra. Le asignó algunas responsabilidades para el cuidado y mantenimiento de lo que consideró fue el primer país: "el Edén". Dios le da a Adán instrucciones divinas, leyes que debía obedecer para poder mantener el orden y la vida plena dado por el Padre de la creación.

¿Cuál era el propósito de estos mandamientos? El de enseñarles a Adán y a su esposa Eva la forma en la cual opera la creación, y así guiarlos en todo. Adán y Eva debían permanecer fieles a los mandamientos para poder disfrutar a plenitud la vida otorgada por Dios. El desobedecer traería grandes consecuencias negativas a ellos y a su descendencia. El mandamiento era para protegerlos del mal que ya estaba rondando la tierra. La caída trajo la separación espiritual y la muerte física, la cual representaba el cese de la vida plena. El pecado cegó la mente del hombre y cauterizó su conciencia. Esto, a mi parecer, es lo más grave del pecado. Pensar que está bien lo que se hace, sin discernir si es la voluntad de Dios, hace que caminemos en el error.

Querido lector:

Los efectos de la caída del hombre son numerosos y de gran alcance. El pecado ha afectado cada aspecto de nuestro ser. Ha perjudicado nuestras vidas en la tierra y nuestro destino eterno. La caída produjo en el hombre un estado de depravación. En este estado, el hombre es totalmente incapaz de hacer o elegir lo que es correcto. En la carta a los romanos, el apóstol Pablo nos habla al respecto. Veamos:

Romanos 1:21: Pues aunque conocían a Dios, no le honraron como a Dios ni le dieron gracias, sino que se hicieron vanos en sus razonamientos y su necio corazón fue entenebrecido. Rom 1:22: Profesando ser sabios, se volvieron necios, Rom 1:23: y cambiaron la gloria del Dios incorruptible por una imagen en forma de hombre corruptible, de aves, de cuadrúpedos y de reptiles. Rom 1:24: Por consiguiente, Dios los entregó a la impureza en la lujuria de sus corazones, de modo que deshonraron entre sí sus propios cuerpos; Rom 1:25: porque cambiaron la verdad de Dios por la mentira, y adoraron y sirvieron a la criatura en lugar del Creador, quien es bendito por los siglos. Amén. Rom 1:26: Por esta razón Dios los entregó a pasiones degradantes; porque sus mujeres cambiaron la función natural por la que es contra la naturaleza;

Rom 1:27: y de la misma manera también los hombres, abandonando el uso natural de la mujer, se encendieron en su lujuria unos con otros, cometiendo hechos vergonzosos hombres con hombres, y recibiendo en sí mismos el castigo correspondiente a su extravío. Rom 1:28: Y como ellos no tuvieron a bien reconocer a Dios, Dios los entregó a una mente depravada, para que hicieran las cosas que no convienen; Rom 1:29: estando llenos de toda injusticia, maldad, avaricia y malicia; colmados de envidia, homicidios, pleitos, engaños y malignidad; son chismosos, Rom 1:30: detractores, aborrecedores de Dios, insolentes, soberbios, jactanciosos, inventores de lo malo, desobedientes a los padres, Rom 1:31: sin entendimiento, indignos de confianza, sin amor, despiadados;

Rom 1:32: los cuales, aunque conocen el decreto de Dios que los que practican tales cosas son dignos de muerte, no sólo las hacen, sino que también dan su aprobación a los que las practican.

Por esta razón, es que el apóstol Pablo enseña a los romanos el propósito de la entrega de la Torah de Yahweh o la ley de Dios.

Romanos 5:20: La ley (Torah) se introdujo para que se viera la enormidad de la ofensa, pero en cuanto se viola enormidad del pecado, se apreció la grandeza del favor (VIN).

El pecado tomó fuerza y lugar en el corazón del hombre. La ceguera espiritual no le permite ver la enormidad de la ofensa cometida a Dios. El pecado de la rebelión tomó tanta fuerza, a tal nivel, que el entenebrecimiento se apoderó de muchos. El apóstol Pablo, consciente de la gravedad de la ofensa a Yahweh por violar sus mandamientos, se dirige a la comunidad de creyentes en Yeshua en Éfeso para recordarles que ya no debían caminar en desobediencia, sino en obediencia a Dios y su Palabra, imitando la conducta del Mesías. Así dice la Biblia:

Efesios 4:17: Esto digo, pues, y afirmo juntamente con el Señor: que ya no andéis así como andan también los gentiles, en la vanidad de su mente, Efe 4:18: entenebrecidos en su entendimiento, excluidos de la vida de Dios por causa de la ignorancia que hay en ellos, por la dureza de su corazón; Efe 4:19: y ellos, habiendo llegado a ser insensibles, se entregaron a la sensualidad para cometer con avidez toda clase de impurezas. Efe 4:20: Pero vosotros no habéis aprendido a Cristo de esta manera, Efe 4:21: si en verdad lo oísteis y habéis sido enseñados en Él, conforme a la verdad que hay en Jesús, Efe 4:22: que en cuanto a vuestra anterior manera de vivir, os despojéis del viejo hombre, que se corrompe según los deseos engañosos, Efe 4:23: y que seáis renovados en el espíritu de vuestra mente (LABLA).

Esta forma de pensar la heredó el hombre cuando en el jardín del Edén decidió quebrantar el mandamiento de vida, de no comer del árbol de la ciencia del bien y del mal; cuando Lucifer, a través de la serpiente, logra con astucia conducirlos a la codicia, a dejar a un lado lo que Dios había establecido. Hoy, Satanás, con sus hordas de demonios, sigue induciendo al hombre a continuar caminando en error, haciéndole creer que todo está bien, que la conducta asumida es la correcta. Así está establecido:

1Timoteo 4:1: Pero el Espíritu dice claramente que en los últimos tiempos algunos apostatarán de la fe, prestando atención a espíritus engañadores y a doctrinas de demonios, 1Ti 4:2: mediante la hipocresía de mentirosos que tienen cauterizada la conciencia (LBLA).

La tragedia que vive la humanidad vino como consecuencia de la caída del hombre, la cual forma parte de su diario vivir. Así está escrito:

Romanos 5:17: En efecto, si por el delito de uno solo reinó la muerte por un solo hombre ¡con cuánta más razón los que reciben en abundancia la gracia y el don de la justicia, reinarán en la vida por un solo, por Yeshúa HaMashiaj! Rom 5:18: Así pues, como el delito de uno solo atrajo sobre todos los hombres la condenación, así también la obra de justicia de uno solo procura toda la justificación que da la vida (SBVUJ).

Eclesiastés 7:29: Mira, sólo esto he hallado: que Dios hizo rectos a los hombres, pero ellos se buscaron muchas artimañas (LBLA).

Veamos algunas de estas consecuencias:

- Sintieron vergüenza ante Dios (Génesis 3:7).

- Se escondieron de su presencia (Génesis 3:7).

- Se les prohibió tener acceso al árbol de la vida (Génesis 3:22).

- La naturaleza cae en desgracia (Génesis 3:17).

- Con arduo trabajo conseguirían ahora su alimento (Génesis 3:19).

- Perdieron la presencia de Dios (Génesis 3:7).

- Sus mentes fueron limitadas (2 Corintios 2: 14).

- La vida se traería con dolor (Génesis 3:16).

- La mujer fue sometida a la autoridad del hombre (Génesis 3:16).

La mujer fue establecida por Yahweh para que fuese la ayuda del hombre, no la de Lucifer; ella contribuyó a desarrollar el plan macabro de Satanás de hacer caer al hombre de su estado original. Esto se produjo cuando Eva aceptó su invitación a probar el fruto que Dios le había prohibido consumir radicalmente: "No comerás".

Eva debía contribuir con el hombre en el desarrollo del plan de Dios en la tierra. Fue capacitada para esa hermosa y gran tarea. Ella debió escuchar al hombre y no a Lucifer. Era Adán quien tenía el diseño divino y la orden de no comer de aquel árbol prohibido. En cambio, Eva convence a Adán de comer de lo prohibido. Por lo tanto, cuando Dios le dice a Eva "... tu deseo será para tu marido" (Gen 3:16), esto es un castigo para ella, pero Dios le está recordando su rol, su papel como ayuda ideal. Ejemplo: Es como si Dios le dijera: *Evita, hija, tú no estás para gobernar a Adán, sino para ayudarlo; Adán no está para cumplir tus caprichos y deseos torcidos, sino mis planes. Ahora, hasta que lo aprendas, él estará sobre tí.* Eva no fue creada para gobernar, sino para estar con él construyendo lo que Dios había ordenado.

Por otro lado, Adán debía ser más cuidadoso con Eva; él estaba para protegerla y a mi parecer, en esto falló; pero como dice mi amigo, el pastor Douglas Camarillo, eso es otra prédica para otro momento.

La lista de males aún continúa. La enfermedad, la angustia, la tristeza, se coronaron en el hombre caído. La muerte trajo llanto, luto y dolor a la primera familia cuando Caín asesinó a su hermano Abel. Por celos y envidia se cometió el primer asesinato con premeditación y alevosía. Así está documentado:

Génesis 4:8: Y Caín dijo a su hermano Abel: vayamos al campo. Y aconteció que cuando estaban en el campo, Caín se levantó contra su hermano Abel y lo mató (LBLA).

Proverbios 28:13: El que oculta sus delitos no prosperará; quien los reconoce y se enmienda, obtendrá compasión (BHTI: La Biblia hispanoamericana).

Los resultados de la caída del hombre fueron y siguen siendo catastróficos. El hombre se siente en su interior avergonzado con Dios y no sabe cómo arreglarlo. Por eso se sigue escondiendo de su presencia, aunque no hay lugar donde el hombre pueda esconderse de la presencia de Dios, pues Él lo llena todo. La Biblia dice:

Esd 9:6: y dije: "Dios mío, confuso y avergonzado estoy para levantar mi rostro hacia ti, porque nuestras iniquidades se han multiplicado sobre nuestras cabezas y nuestros delitos han crecido hasta el cielo (NVP).

Antes de la caída, el hombre, aunque estaba en un estado de prueba, tenía abundante vida, no conocía los males que vinieron después de la desobediencia. Luego de la caída, la vida se volvió fugaz, efímera, pasajera. Lejos del árbol de la vida solo hay muerte.

Solo la obra salvadora de Yeshua puede devolver a la humanidad la oportunidad de recuperar lo perdido.

Génesis 3:24: Expulsó, pues, al hombre; y al oriente del huerto del Edén puso querubines, y una espada encendida que giraba en todas direcciones, para guardar el camino del árbol de la vida (LBLA).

Apocalipsis 22:2: ... en medio de la calle de la ciudad. Y a cada lado del río estaba el árbol de la vida, que produce doce clases de fruto, dando su fruto cada mes; y las hojas del árbol eran para sanidad de las naciones (LBLA).

En el Edén algo salió mal. Adán y Eva no permanecieron fieles al mandamiento o instrucción divina del Eterno. Por esta causa se rompió la armonía entre el cielo y el Edén. El hombre se desplomó a partir de ese momento y un gran abismo lo separó del Padre Creador. Aun así, Dios actuó a favor de la humanidad. Yeshua Hamashiaj transitó por el camino roto para devolvernos al padre celestial. Aleluya. Así está documentado en la Biblia:

Romanos 3:23: por cuanto todos pecaron, y han quedado separados de la gloria de Dios.

Jua 14:6: Le dice Yeshua: "Yo soy el camino, la verdad y la vida. Nadie va al Padre sino por mí" (SBVUJ).

Querido lector:

El gran plan de Yahweh consiste en restaurar al hombre caído.

Dios no abandonó al hombre por causa de su pecado. ¡No!, en lugar de ello, Él ideo un plan para salvarlo. Yeshua Hamashiaj vino en busca del hombre que se encontraba totalmente perdido sin Él. Rescatarlo de Satanás y volver a colocarlo en su lugar original, devolverle su identidad de hijo.

Así lo declaró Yeshua Hamashiaj. Veamos.

Lucas 19:10: porque el Hijo del Hombre ha venido a buscar y a salvar lo que se había perdido (LBLA).

Romanos 8:15: Pues no habéis recibido un espíritu de esclavitud para volver otra vez al temor, sino que habéis recibido un espíritu de adopción como hijos, por el cual clamamos: ¡Abba, Padre! (LBLA).

Adán debió caminar en total obediencia a Dios y sus leyes. Por lo contrario, desobedeció y condujo a la humanidad al caos y la miseria espiritual y material. Por lo tanto, el hombre es responsable de la caída de la humanidad. Por tal motivo es urgente que este se levante de su condición espiritual y se vuelva a Dios para restaurar su vida con la ayuda de Él. Así está escrito:

Isaías 55:7: Abandone el impío su camino, y el hombre inicuo sus pensamientos, y vuélvase al Señor, que tendrá de él compasión, al Dios nuestro, que será amplio en perdonar (LBLA).

La invitación está hecha. Yahweh espera que la humanidad la acepte. La historia ha demostrado que separados de Dios, nada podemos hacer.

Juan 15:5: Yo soy la vid, ustedes las ramas. El que permanece en mí y yo en él, éste produce mucho fruto. Pero separados de mí, nada pueden hacer (VIN).

Sigamos juntos escudriñando. Te invito a profundizar más.

CAPÍTULO 6

LA CAÍDA DE LA SOCIEDAD

L a caída del hombre en el jardín del Edén trajo graves consecuencias para la humanidad. Alejados de Dios y de sus leyes, empezaron a promulgar las suyas. Establecieron un sistema de vida fuera del diseño divino. Sus conductas revelaban lo distante que estaban de Dios y de sus leyes. Surgió de esta manera una sociedad corrompida, debido a que sus ciudadanos lo estaban. La ciudadanía se había pervertido por completo. La maldad de la sociedad llegó a un punto en que Dios examinó con cuidado e imparcialidad los aspectos positivos y negativos de la humanidad. Así está documentado:

Génesis 6:6: Yahweh lo llevó al corazón que Él había hecho al hombre sobre la tierra; y lo ponderó profundamente (KIM).

La sociedad se volvió tan violenta que Yahweh se vio en la imperiosa necesidad de intervenir en los asuntos de la humanidad a escala mundial. El mundo dejó de ser un lugar seguro; por lo tanto Dios interviene a favor de una pequeña familia que sí estaba dispuesta a guardar los mandamientos del Eterno. Ellos decidieron no corromperse como los demás. Estamos hablando de Noé y su familia, conformada por ocho personas que sí estuvieron dispuestas a hacer lo correcto en medio de un mundo envuelto en tinieblas, rodeado de una gran crisis ética, moral, donde la santidad ya no formaba parte de sus vidas. La sociedad era otra, muy distinta a como Dios la había soñado. Así está escrito:

Génesis 6:5: Yahweh vio cuán grande era la maldad del hombre sobre la tierra, y cómo todo plan ideado por su mente no era sino perverso todo el tiempo. ⁶Y Yahweh lamentó haber creado al hombre en la tierra, y se le entristeció el corazón. ⁷Yahweh dijo: "Borraré de la tierra a los hombres que he creado, al hombre junto con las bestias, los reptiles, y las aves del cielo; porque lamento haberlos hecho". ⁸Pero Nóaj alcanzó el favor de Yahweh (LBLA).

Génesis 6:8: Mas Noé halló gracia ante los ojos del Señor (LBLA).

1Pedro 3:20: quienes en otro tiempo fueron desobedientes cuando la paciencia de Dios esperaba en los días de Noé, durante la construcción del arca, en la cual unos pocos, es decir, ocho personas, fueron salvadas por medio del agua (LBLA).

Según el relato bíblico de Génesis, capítulo 6, versículo 11, la tierra se corrompió para el momento, y estaba llena de violencia. La inclinación de los hombres era de continuo hacia el mal. Así dice la Biblia:

Génesis 6:11: Y la tierra se había corrompido delante de Dios, y estaba la tierra llena de violencia. Gén 6:12: Y miró Dios a la tierra, y he aquí que estaba corrompida, porque toda carne había corrompido su camino sobre la tierra (LBLA).

Dios decidió empezar de nuevo con Noé y su familia, y con ellos se inició una nueva sociedad descontaminada, libre de corrupción y dispuesta a hacer la voluntad de su Creador. Una sociedad que tuviera como norte hacer lo correcto, dar en el blanco, dejar de delinquir y empezar a transitar por el camino de la obediencia a Dios y sus leyes que imparten vida. Los valores divinos inculcados por Yahweh al hombre desde su creación se habían esfumado. El orden, la paz, la seguridad y la justicia estaban ausentes de la humanidad.

Era necesario que una nueva generación emergiera en medio del caos, y Noé tenía lo que Dios requería para empezar de nuevo. En la Biblia está escrito:

Salmos 119:1: [Álef] Felices los de conducta intachable, los que siguen la Torah de Yahweh. Sal 119:2: Felices los que observan sus decretos, los que lo buscan de todo corazón. Sal 119:3: No han hecho lo malo, sino que han seguido sus caminos. Sal 119:4: Tú has mandado que se guarden diligentemente tus preceptos. Sal 119:5: Quisiera que fueran firmes mis caminos en guardar tus leyes; Sal 119:6: entonces no quedaría yo avergonzado cuando me fije en todos tus mandamientos (VIN).

En el pasado el hombre corrompió la tierra con violencia y todo tipo de maldad que podamos imaginar. En nuestro presente, cuando escuchamos las noticias, el panorama es aterrador: vemos muertes en gran número, asesinatos, violaciones, robos, abuso de menores por parte de adultos, abortos, políticos y gobernantes envueltos en grandes escándalos de corrupción, entre otros. Esto asemeja la condición de vida de la generación de Noé.

QUERIDO LECTOR:

Dios no aprueba los delitos cometidos por una sociedad. Así está documentado:

Josué 24:19: Josué dijo al pueblo: "Vosotros no podréis servir al Señor, porque él es un Dios santo, un Dios celoso, y no soportará vuestros delitos ni vuestros pecados" (SB-MN).

La sociedad actual presenta un grado de deterioro exorbitante. Es tan grave, que las personas moralmente correctas sufren persecuciones por parte de aquellas que decidieron vivir bajo sus propias reglas de moralidad, llegando hasta el punto de quitarles la vida, porque no encajan en los estándares de la sociedad actual. El señor Yeshua Hamashiaj (Jesucristo) nos habló al respecto, dijo que en el futuro se levantaría de nuevo la sociedad, a la semejanza de los días de Noé. Nos llamó a estar alertas, preparados aun para enfrentar la muerte por causa de su nombre. Seríamos perseguidos. Así dice la Palabra de Dios:

Mateo 10:22: Y seréis odiados de todos por causa de mi nombre, pero el que persevere hasta el fin, ése será salvo (LBLA).

Mateo 24:37: Porque como en los días de Noé, así será la venida del Hijo del Hombre.

Mateo 24:38: Pues así como en aquellos días antes del diluvio estaban comiendo y bebiendo, casándose y dándose en matrimonio, hasta el día en que entró Noé en el arca.

Actualmente, la sociedad sigue el camino del mal. Los índices de corrupción por la violación a los códigos jurídicos del cielo siguen causando cada vez más desgracia y miseria en las naciones. El hombre ha decidido, en su terco corazón, no abrazar la ley de Dios; todo lo contrario, violarla es un deleite para muchos. En nuestro presente, lo bueno es catalogado como malo y lo malo como bueno.

Isaías 5:20: ¡Ay de los que llaman al mal bien y al bien mal, que tienen las tinieblas por luz y la luz por tinieblas, que tienen lo amargo por dulce y lo dulce por amargo! (LBLA).

El profeta Jeremías dice al respecto:

Jeremías 9:13: Respondió el Señor: Porque han abandonado mi ley que puse delante de ellos, y no han obedecido mi voz ni andado conforme a ella (LBLA).

En nuestra sociedad actual delinquir, para muchos es un deleite. Violan, asesinan, roban, hurtan, fornican, adulteran, calumnian a su prójimo; levantan falsos testimonios, promueven la idolatría, la hechicería, el odio, las guerras; los poderosos del mundo conducen a pueblos y naciones a un falso progreso científico inhumano, violatorio de todas las leyes que Dios estableció para el disfrute de la vida. Usan la política como arma para manipular a multitudes con el solo propósito de establecer la agenda del mal. En un mundo lleno de incalculables riquezas, el hambre y la miseria se emplean para mantener a los pueblos subyugados. La sangre de los inocentes corre por nuestras calles; el delincuente es puesto en libertad y el justo es perseguido. Promueven la desintegración familiar, cambiando el diseño original de la familia creada por Dios. El odio y el rencor se afianzan cada vez más en el corazón de muchos. El nombre del Creador es tomado en vano, utilizando su nombre para justificar acciones delictivas, como las ocurridas en el tiempo de la famosa inquisición.

A lo largo de la historia hemos visto como se ha sustituido la cultura del Reino de Dios por la nuestra. Cambiaron el calendario divino por uno ajustado a sus pretensiones. Así está documentado:

Marcos 7:6: y él les dijo: bien profetizó Isaías de vosotros, hipócritas, como está escrito: "este pueblo con los labios me honra, pero su corazón está muy lejos de mí. Mar 7:7: "mas en vano me rinden culto, enseñando como doctrinas preceptos de hombres", Mar 7:8: dejando el mandamiento de Dios, os aferráis a la tradición de los hombres. Mar 7:9: también les decía: astutamente violáis el mandamiento de Dios para guardar vuestra tradición.

Esta generación viola descaradamente el sistema de alimentación bíblico por uno que solo deteriora la salud y acorta la vida, donde los únicos beneficiados son los bolsillos de los poseedores de las grandes cadenas de alimentación industrializada. No les importa destruir el planeta, con tal de apropiarse de todos sus recursos naturales para lograr sus ambiciones egoístas y además destructivas. Todo esto y mucho más revela que la tierra está llena de delitos. Nuestras sociedades se hallan gravemente enfermas y no lo saben o no lo quieren admitir. Así dice la biblia:

Jeremías 51:5: Porque su tierra está llena de delitos contra el Santo de Israel. Pero Israel y Judá no están viudas de su Dios, el Señor omnipotente.

Ezequiel 7:23: Fabricad cadenas, porque el país está lleno de delitos de sangre y la ciudad repleta de violencia. (SBVUJ)

La sociedad ha echado a un lado los mandamientos de Dios.

Éxodo 20:2: Yo soy el Señor tu Dios, que te saqué de la tierra de Egipto, de la casa de servidumbre.

Hoy, la sociedad es cada vez más idólatra.

Éxodo 20:3: No tendrás otros dioses delante de mí. Éxo 20:4: No te harás ídolo, ni semejanza alguna de lo que está arriba en el cielo, ni abajo en la tierra, ni en las aguas debajo de la tierra. Éxo 20:5: No los adorarás ni los servirás; porque yo, el Señor tu Dios, soy Dios celoso, que castigo la iniquidad de los padres sobre los hijos hasta la tercera y cuarta generación de los que me aborrecen...

El nombre de Dios es usado a conveniencia.

Éxodo 20:7: No tomarás el nombre del Señor tu Dios en vano, porque el Señor no tendrá por inocente al que tome su nombre en vano.

Cada vez la sociedad es más esclava del trabajo, gracias al consumismo y al materialismo desmedido.

Éxodo 20:8: Acuérdate del día de reposo para santificarlo. Éxo 20:9: Seis días trabajarás y harás toda tu obra, Éxo 20:10: mas el séptimo día es día de reposo para el Señor tu Dios; no harás en él obra alguna, tú, ni tu hijo, ni tu hija, ni tu siervo, ni tu sierva, ni tu ganado, ni el extranjero que está contigo. Éxo 20:11: Porque en

88

seis días hizo el Señor los cielos y la tierra, el mar y todo lo que en ellos hay, y reposó en el séptimo día; por tanto, el Señor bendijo el día de reposo y lo santificó.

La sociedad de hoy ha echado a un lado la autoridad de los padres sustituyéndola por la del estado.

Éxodo 20:12: Honra a tu padre y a tu madre, para que tus días sean prolongados en la tierra que el Señor tu Dios te da.

Cualquier excusa, como el aborto, es empleada para quitar la vida.

Éxodo 20:13: No matarás.

La infidelidad es cosa común. Dios dijo:

Éxodo 20:14: No cometerás adulterio.

El hurto es uno de los delitos que se siguen cometiendo con mayor descaro:

Éxodo 20:15: No hurtarás.

La calumnia, la injuria y testificar falsamente ya es una costumbre:

Éxodo 20:16: No darás falso testimonio contra tu prójimo.

La envidia y la codicia siguen destruyendo nuestra sociedad.

Éxodo 20:17: No codiciarás la casa de tu prójimo; no codiciarás la mujer de tu prójimo, ni su siervo, ni su sierva, ni su buey, ni su asno, ni nada que sea de tu prójimo.

El presidente de un país dijo en una ocasión lo siguiente:

Salmos 119:9: Bet. ¿Cómo puede el joven guardar puro su camino? Guardando tu palabra (LBLA)

David fue ese gobernante que deseó con todo su corazón guardar los mandamientos del rey supremo Dios. David sabía que eso traería paz y progreso a su nación Israel. Los delitos provocan los juicios de Dios. Así está documentado:

Ezequiel 15:8: "Convertiré el país en un desierto por los delitos que han cometido", dice el Señor Dios.

Por otro lado, Dios promete dignificar a una sociedad que se arrepiente de sus delitos. Dios promete la vida para aquellos que se vuelven a Él y deciden obedecer la ley suprema del cielo. Veamos:

Eze 18:21: Y si el delincuente se convierte de todos los delitos que ha cometido, observa todos mis preceptos y practica el derecho y la justicia, vivirá, sin duda; no morirá. Eze 18:22: Ninguno de los delitos cometidos le será recordado, sino que debido a la justicia que ha practicado vivirá. Eze 18:28: Ha abierto los ojos y se ha convertido de los delitos cometidos; por eso vivirá, no morirá.

La fortaleza de la sociedad está en sus principios y valores. Una sociedad de principios, es fuerte; en cambio, una sociedad de impulsos, es débil. La Biblia comenta:

Isaías 5:20: ¡Ay de los que llaman al mal bien, y al bien mal, los que cambian la luz por tinieblas, los cuales cambian lo amargo por dulce y lo dulce en amargo!

Cuando una sociedad avanza mediante límites bien marcados, haciendo diferencia entre lo ético y lo que no lo es, entre lo moral y lo antimoral, entre la justicia y la injusticia, esta sociedad tendrá las condiciones para permanecer y desarrollarse.

Una sociedad que no conoce de fronteras es fácil de corromperse. Una sociedad que sabe poner los límites correctos y separar entre lo bueno y lo que no es bueno estará bien fundamentada. En cambio, una sociedad que esté atada por las cadenas de la adicción nunca podrá ser liberada si primero no obtiene ayuda para vivir según las normas y principios que rigen la vida. Es precisamente la falta de límites y la incapacidad para dividir entre lo bueno y lo malo lo que le ha hecho caer a nuestra sociedad en un abismo sin fin, del cual muchas veces no se puede salir sin la ayuda de Dios.

Para salir del caos en el que se encuentran nuestras sociedades, es urgente que aprendamos a diferenciar entre lo bueno y lo malo desde la perspectiva divina. Si fijamos límites bien marcados, el orden en nuestras sociedades estará a la vista de todos. Que el Eterno nos ayude a ver la luz que Él envío. En un mundo rodeado de oscuridad y tinieblas, solo la luz de la palabra de Dios podrá ayudarnos para no tropezar. La Biblia dice:

Salmos 119:9: Bet. ¿Cómo puede el joven guardar puro su camino? Guardando tu palabra.

EL MAL DE TODOS LOS MALES EN LA SOCIEDAD

1Timoteo 6:10: Porque la raíz de todos los males es el amor al dinero, por el cual, codiciándolo algunos, se extraviaron de la fe y se torturaron con muchos dolores (LBLA).

Esto se ha convertido en un grave problema en la sociedad actual. Vivimos sumergidos en un mundo completamente materialista. Hoy se le da valor a la vida de acuerdo al estatus social de las personas. El valor de las personas se calcula en base a sus bienes materiales: si tienes mucho, vales más que quien tiene poco. En otras palabras, damos valor a nuestras vidas de acuerdo con la calidad de bienes materiales que poseamos y no según los bienes espirituales, éticos y morales que son los que en realidad definen la vida. Es urgente que aprendamos a poner en orden las cosas.

Lo material sí es importante para la vida, pero no es lo más importante para el buen vivir. Hemos puestos en primer lugar lo material y en segundo lugar la vida. ¡¡Qué error!!

El problema está en la avaricia que se ha apoderado de muchos corazones, a tal punto, que hemos llegado a confundir provisión y abundancia con tener todo lo que nuestros ojos desean. Necesitamos aprender a valorar la vida como el bien más preciado que el Padre Eterno nos ha regalado. El resto es solo añadidura. Así está documentado:

Mateo 6:33: Pero buscad primero su reino y su justicia, y todas estas cosas os serán añadidas (LBLA).

1Juan 2:16: Porque todo lo que hay en el mundo, la pasión de la carne, la pasión de los ojos y la arrogancia de la vida, no proviene del Padre, sino del mundo (LBLA).

AL FINAL, LA SOCIEDAD SERÁ RESTAURADA POR DIOS

Isaías 60:2: Porque a pesar que la oscuridad cubre la tierra, y densa tiniebla sobre las naciones; sobre ti Yahweh amanecerá; sobre ti será vista su Gloria.(KIM)

Un día esta profecía se cumplirá. La oscuridad será disipada por la luz de la Palabra de Dios. Los seres humanos viviremos en el orden social diseñado por Dios. Sus leyes serán tomadas en cuenta por una generación que está emergiendo, de la cual creo que tú, que estás leyendo estas páginas, formas parte. El Reino de Dios en la nueva sociedad será dirigido por Yeshua Hamashiaj. Así está escrito:

Dan 2:44: En los días de estos reyes, el Dios del cielo levantará un reino que jamás será destruido, y este reino no será entregado a otro pueblo; desmenuzará y pondrá fin a todos aquellos reinos, y él permanecerá para siempre (LBLA).

92

Esta profecía también la encontramos en el libro de Apocalipsis:

Apocalipsis 11:15: El séptimo ángel tocó la trompeta, y se levantaron grandes voces en el cielo, que decían: El reino del mundo ha venido a ser el reino de nuestro Señor y de su Cristo; y Él reinará por los siglos de los siglos (LBLA).

LA CAÍDA DE LA CULTURA

La caída de la primera sociedad existente dio paso a la caída de la cultura original, la del Reino de Dios. Hoy más que nunca la humanidad necesita tener un encuentro con Dios y con sus instrucciones o leyes divinas. Desde que Adán y Eva desobedecieron la ordenanza del Señor en el Jardín del Edén, la cultura del Reino de Dios dejó de manifestarse en la humanidad; el hombre dejó de cultivar su vida en los principios divinos, dando paso así al surgimiento de otra cultura ajena a la de Dios. Por tal motivo, los pueblos necesitan conocer urgentemente la cultura del Reino de Dios para poder recuperar su verdadera identidad.

Esta cultura está revelada en la Palabra de Dios. Por lo tanto, para poder recuperar la cultura es imperioso volver a las sendas antiguas; es el llamado que Dios constantemente le ha hecho a cada generación que ha existido. Está escrito:

Jeremías 6:16: Así ha dicho Yahweh: "Párense por los caminos y consideren, pregunten por las sendas antiguas: ¿Cuál es el camino a la felicidad? Caminen por él, y hallen tranquilidad para sus vidas". Pero ellos dijeron: '¡No caminaremos por él!' (VIN).

Mientras el tiempo avanza, las familias, y las sociedades con sus culturas, forman un estilo de vida que no representa la cultura del Reino de Dios en la tierra. Las naciones desarrollan sus propias culturas, muchas de ellas son ofensiva a Dios y perjudiciales para el ser humano.

No siempre todo lo que se cultiva como estilo de vida es bueno.

La *cultura*, según el *Diccionario de la lengua española* (Real Academia Española, 2015), es un "conjunto de conocimientos que permite a alguien desarrollar su juicio crítico"; y también "conjunto de modos de vida y costumbres, conocimientos y grado de desarrollo artístico, científico, industrial, en una época, grupo social, etc.".

Este concepto de *cultura* nos corrobora lo que ha venido sucediendo en la humanidad desde que ocurrió la primera desobediencia. Se estableció un estilo de vida diferente al estatuido por Dios, las costumbres tomaron fuerza en la nueva sociedad, el conocimiento humano se coronó, dejando a un lado el conocimiento del Dios omnisapiente. El hombre se convierte en un Dios para sí mismo; lo artístico toma fuerza de idolatría, la ciencia se emplea para el desarrollo del mal. Los grupos sociales, con el paso de la historia, se alejaron cada vez más de la cultura del Reino de Dios. El resultado siempre ha sido caos y miseria. Aun Israel, que fue llamada para establecer la cultura del Reino de Dios, desobedeció y estableció su propia cultura. Así dice la Biblia:

Marcos 7:13: De ese modo invalidáis la ley de Dios basándoos en una de esas tradiciones que os pasáis de unos a otros. ¡Y esto no es más que un ejemplo entre muchos! (CST-IBS).

El comportamiento inapropiado cada vez es más visible en nuestros pueblos y naciones; y lo que es aún más grave, no hay corrección desde el seno familiar y mucho menos desde el Estado. En ocasiones el Estado legisla creando leyes para legalizar las conductas inapropiadas de la ciudadanía. En vez de crear programas de desarrollo social para corregir comportamientos inadecuados, se hace todo lo contrario.

Lo cotidiano se convierte en cultura y a la cultura se le da forma de ley, lo cual no estuviera mal siempre y cuando lo cultural no vaya en contra de la cultura del Reino de Dios. Así está documentado:

Deuteronomio 18:9: Cuando entres en la tierra que el Señor tu Dios te da, no aprenderás a hacer las cosas abominables de esas naciones (LBLA).

Dios ama a todas las naciones sin importarle si sus culturas son buenas o malas. Lo que Dios rechaza en sí no es la cultura como tal, sino aquello que es violatorio de su Ley; aquellas culturas que tienen una naturaleza pecadora, todo estilo de vida contrario a la cultura de su Reino.

¿Cuál es la diferencia entre la cultura celestial y la cultura terrenal? Te daré de inmediato la repuesta:

En el cielo, Dios reina con soberanía, por lo tanto, la rebeldía contra la norma jurídica del cielo o ley divina no es tolerada. La cultura del Reino de Dios se basa en la obediencia a su ley. Esto no es dictatorial desde el punto de vista de dominio sobre la humanidad, ya que Dios no es un opresor que obliga a sus hijos a obedecerle. Si así fuera, Adán no hubiera pecado. Dios, en cambio, desea lo mejor para nosotros. Si tomamos en cuenta que Él es nuestro Creador, entenderemos este asunto y se nos hará fácil obedecer su ley.

La cultura del cielo no se corrompe por la ausencia del pecado. Si el pecado está presente en una cultura, está corrompida

Romanos 6:19: Les hablo en términos humanos, debido a su limitación humana. Quiero decir que de la misma manera que antes ofrecían sus miembros como esclavos a la impureza para andar en violación de la Torah continuamente, así ofrezcan ahora sus miembros como siervos de la justicia para la santidad (VIN).

2Timoteo 2:19: Sin embargo, el sólido fundamento de Dios se mantiene firme bajo este lema: El Señor conoce a los suyos y que se aparte de la injusticia el que pronuncia el nombre del Señor (SB MN).

De manera que, sin contradicción alguna, podemos decir que existen culturas y costumbres sanas con las que Dios no está en desacuerdo. Les daré un ejemplo.

En mi país, Venezuela, tenemos muchas buenas costumbres propias de nuestro pueblo; tales como los famosos fogones caraqueños, que son parte fundamental de la gastronomía venezolana. Se les conoce como *cocinas familiares,* de donde surge la comida tradicional de nuestro país. Algunas formas gastronómicas que forman parte de nuestra cultura son: el pabellón criollo, la arepa, la hallaca, el asado negro, la cachapa, el casabe, las empanadas de harina de maíz, el hervido de gallina, de carne o de pescado. El pabellón criollo es probablemente la comida típica de Venezuela por excelencia. También el bocachico, un pez típico de la región zuliana que forma parte de menú diario de nuestro pueblo (por cierto, es mi favorito).

En el mundo podemos encontrar una gran variedad de diferentes culturas. Lo que distingue las diferentes culturas del hombre de la cultura del Reino de Dios es el pecado.

1Co 6:9: ¿O no sabéis que los injustos no heredarán el reino de Dios? No os dejéis engañar: ni los inmorales, ni los idólatras, ni los adúlteros, ni los afeminados, ni los homosexuales, 1Co 6:10: ni los ladrones, ni los avaros, ni los borrachos, ni los difamadores, ni los estafadores heredarán el reino de Dios (LBLA).

Dios formó la nación de Israel con el propósito de establecer un país distinto entre todos los demás; uno que desarrollara la cultura del Reino de Dios. Para esto, le entregó un estamento jurídico para que se rigieran como sociedad y establecieran su propia cultura con el diseño del cielo. Ellos debían mantenerse alejados de las culturas de otras naciones, las cuales eran ofensivas a la vista divina. Así está escrito:

*Deuteronomio 4:8: ¿O qué nación grande hay que tenga **estatutos** y **decretos** tan justos como toda esta ley que hoy pongo delante de vosotros? (LBLA).*

La nación no mantuvo su pureza cultural, sino que se mezcló con otras culturas. Así está documentado:

Salmos 106:35: ... sino que se mezclaron con las naciones, aprendieron sus costumbres.

La cultura del Reino de Dios es diferente de la cultura de este mundo. Hoy Dios nos invita a dejar la cultura nuestra y a abrazar la suya, la cual es mejor. Dios desea cultivar su vida en nosotros. Si la semilla de su palabra (ley) es cultivada en las naciones, entonces se podrá ofrecer un culto que sea del agrado de Dios y no para nuestro placer; un estilo de vida que no viole la ley de Dios. La invitación que nos hace el Señor es a dejar los principios elementales del mundo que no revelan su cultura. Así dice la Palabra de Dios:

Colosenses 2:8: Mirad que nadie os haga cautivos por medio de [su] filosofía y vanas sutilezas, según la tradición de los hombres, conforme a los principios elementales del mundo y no según Cristo. (LBLA)

Israel, como nación, no debía hacer las cosas abominables de otras naciones

Deuteronomio 18:9: Cuando entres en la tierra que el Señor tu Dios te da, no aprenderás a hacer las cosas abominables de esas naciones. (LBLA)

Fue en la antigua Mesopotamia donde surgió una cultura distinta a la del Reino de Dios. El registro bíblico nos dice que los ciudadanos mesopotámicos desarrollaron sus propias leyes, crearon un sistema sociopolítico, cultural y religioso fuera del diseño de Dios. Construyeron un imperio con el propósito de establecer su propia cultura. Hablaban un mismo idioma. Un principal atributo de cualquier cultura es su idioma o lenguaje. El idioma o lenguaje de Dios estaba perdiendo fuerza en las primeras civilizaciones. Cuando una sociedad pierde su idioma, esta perderá su cultura. Dios necesita, por lo tanto, que la humanidad recupere su idioma para que la cultura de su Reino pueda establecerse. Por otro lado, Satanás trabaja constantemente para cambiar el lenguaje, y así establecer su cultura ofensiva y dañina. Veamos el registro bíblico:

Génesis 11:5: Yahweh bajó a ver la ciudad y la torre que habían edificado los hombres, Gén 11:6: y dijo Yahweh: "Si, siendo un pueblo con un solo idioma para todos, así es como han empezado a actuar, entonces nada de lo que se propongan hacer estará fuera de su alcance. Gén 11:7: Así que bajemos y confundamos allá su idioma, de modo que ninguno entienda el habla del otro". Gén 11:8: Así los esparció Yahweh de allí sobre la superficie de toda la tierra; y dejaron de edificar la ciudad. Gén 11:9: Por eso se le llamó Babel Confusión, porque allí confundió Yahweh el idioma de toda la tierra; y de allí los dispersó Yahweh sobre la superficie de toda la tierra (VIN).

La cultura del Reino de Dios al final se establecerá en toda la tierra. Para ello, Dios ha revelado en su Palabra que Él restaurará para estos últimos tiempos el idioma o lenguaje original. De esta manera, su cultura volverá a ser un estilo de vida en quienes decidan aprender el idioma de Dios. Así está escrito:

Sof 3:9: Porque entonces haré a los pueblos puros de lenguaje, para que todos invoquen a Yahweh por nombre y le sirvan de común acuerdo (VIN).

La palabra *cultura* es de origen hebreo, de los vocablos "kol" y "Toráh", y quiere decir *Kol Ha Torah*: 'la voz de la Toráh'.

Kol Toráh quiere decir 'ceñidos a la instrucción divina'; o sea, apegados a la ley de Dios. Recordemos que "Torah" es la instrucción divina del Eterno para su pueblo. Esto ha sido traducido al español como *cultura*.

Les daré un ejemplo de la cultura del Reino de Dios en este contexto.

En el pasaje bíblico de Levítico (23:1-37), el Eterno le da instrucciones específicas al pueblo de Israel, indicándole las fiestas que deberían celebrar en su orden y fijando al mismo tiempo las temporadas o fechas para su celebración. Estas son: el Shabbat, el Pésaj, la fiesta de los Panes sin levaduras, la fiesta de Bikurim o fiesta de los Primeros Frutos, la fiesta de Shavuot, mejor conocida por su nombre griego Pentecostés, la fiesta de las Trompetas, conocida en hebreo como Yom Teruah; las fiesta de Yom Kipur o Día del Perdón, y la fiesta de los Tabernáculos. Estas celebraciones fueron entregadas por el Señor a la nación y debían formar parte de su cultura. Cuando estudiamos estas fiestas, observamos que en ellas está contenido todo el plan de salvación para la humanidad. Sin embargo, las fiestas fueron sustituidas por fiestas paganas, las cuales no revelan la voluntad de Dios.

Existe mucha diferencia entre: *Kol Toráh* y la cultura de este mundo.

Dios tiene una cultura, en cambio, en las naciones esto no es así. Hay una gran variedad de culturas establecidas en todos los países. Algunas de estas culturas fomentan la idolatría, la hechicería, el libertinaje, entre tantas cosas contrarias a la cultura que Dios desea que desarrollen las naciones. Si una cultura no rinde culto a Dios, no es buena. La cultura original del ser humano es la que Dios dictó por medio de la Torah o instrucción divina, su ley, a su pueblo Israel, para que este a su vez fuese un modelo cultural para el resto de las naciones.

CAPÍTULO 7

LA CONSTITUCIÓN DEL CIELO

Deuteronomio 4:8: O ¿qué gran nación tiene leyes y reglas tan perfectas como toda esta Torah que les pongo delante hoy? (VIN).

Con estas palabras Dios se dirige al pueblo de Israel a través de Moisés, después de haberlo sacado con mano poderosa de Egipto, donde se encontraba en condición de esclavitud, para llevarlo a una nueva tierra, un lugar de destino profético, donde el Señor cumpliría lo revelado al patriarca Abraham aproximadamente 430 años atrás. Dios había dicho a Abraham que levantaría de su descendencia una nación santa, única entre todas las demás naciones. Un plan para redimir a toda la humanidad fue lo que Dios inició con el llamamiento a Abraham. Así está documentado:

Génesis 12:1: Yahweh le dijo a Avram: "Sal de tu tierra natal y de la casa de tu padre a la tierra que yo te mostraré. Gén 12:2: Haré de ti una nación grande, y te bendeciré; engrandeceré tu nombre, y serás una bendición (VIN).

Esta nación tendría un nuevo estilo de vida distinto al resto de las naciones. Para ello, Dios le entrega la Torah, es decir, la instrucción divina. Una carta magna única, en la que Dios le entrega leyes divinas para hacer de Israel una nación santa. De esta nación Yahweh traería al Mesías, el Salvador de todos los pueblos de la tierra.

Juan 4:22: … porque la salvación viene de los judíos… (LBLA).

Esta nación santa, Israel, fue constituida para ser luz para todas las naciones de la tierra. Ellos fueron llamados para ser un país modelo, distinto al resto. La luz de la instrucción divina del Eterno se vería en ellos cuando pusieran en práctica las leyes entregadas por Moisés. Así está escrito:

Isaías 51:4: "Estén atentos a mí, pueblo mío, y óiganme, oh nación mía; que de mí saldrá la Torah, mi camino para luz de los pueblos, en un momento lo traeré (VIN).

Isaías 60:3: Y acudirán las naciones a tu luz, y los reyes al resplandor de tu amanecer (LBLA).

Deuteronomio 4:5: Miren, yo les he impartido a ustedes leyes y reglamentos, como me ha mandado Yahweh, para que los practiquen en la tierra que están a punto de entrar y ocupar. **(VIN)**

Además, Dios dijo que ellos debían practicar las leyes y los reglamentos que les estaba entregando. El nuevo país tenía que ser diferente y solo con una nueva ley puesta por obra sería posible. La Torah sería una prueba de sabiduría y discernimiento en ellos; los otros pueblos reconocerían la sabiduría expresada en una constitución única entre todas las leyes existentes para el momento. Además, admitirían la grandeza de un Dios que estaba al alcance de todo el país. Dice la Biblia:

Deuteronomio 4:6: Obsérvenlos fielmente, que esa será una prueba de su sabiduría y discernimiento para otros pueblos, quienes al oír de todas estas leyes dirán: "Verdaderamente, esa gran nación es un pueblo sabio y de discernimiento". Deu 4:7: Porque ¿qué gran nación hay que tenga una deidad tan cercana como lo está Yahweh nuestro Elohim siempre que lo invocamos? (VIN)

Dios les entregó todo un estamento jurídico para guiarlos y regirlos como nación; una ley perfecta que reflejaba el carácter santo de Dios y su amor por toda la humanidad. Una instrucción divina con el propósito de Dios revelarse a las naciones que vivían en tinieblas y de esta manera dar continuidad al plan de salvación. Una instrucción perfecta fue entregada al pueblo de Dios. Aleluya.

Salmos 19:7: La Torah de Yahweh es perfecta, y transforma la vida; los decretos de Yahweh son duraderos, y hacen sabio al sencillo.

Salmos 19:8: Los preceptos de Yahweh son justos, y alegran el corazón; la Torah de Yahweh es clara, e ilumina los ojos.

Salmos 19:9: El respeto de Yahweh es puro, y dura para siempre; los juicios de Yahweh son verdaderos, del todo justos.

Salmos 19:10: Son más deseables que el oro, que mucho oro fino, y más dulces que la miel, que las gotas del panal.

Salmos 19:11: Tu servidor les hace caso; en obedecerlos hay grande recompensa.

Salmos 19:12: ¿Quién se da cuenta de sus propios errores? Líbrame de faltas inadvertidas.

Salmos 19:13: Guarda también a tu servidor de los pecados voluntarios, que no tengan dominio sobre mí; entonces seré intachable, libre de grave ofensa.

Salmos 19:14: Sean aceptables las palabras de mi boca y los anhelos de mi corazón delante de ti, Yahweh, roca mía y redentor mío (VIN).

La palabra hebrea *tōrāh* es traducida al español como *ley*. En realidad, la mejor traducción para esta palabra sería: *instrucción divina, enseñanza*. Es la enseñanza amorosa de un padre a sus hijos. El apóstol Pablo documentó así:

Romanos 15:4: Todo lo que se escribió en el pasado se escribió para nuestra enseñanza, para que por nuestra perseverancia y el consuelo de las Escrituras tengamos esperanza (Versión VIN).

Recordemos que el apóstol Pablo es un rabino de la Torah de Yahweh. Por lo tanto, Pablo está diciendo que todo lo que encontramos en la Torah de Yahweh, mejor conocida como el *Pentateuco* o la *ley de Moisés* -como muchos también se refieren a ella- tiene el propósito de instruirnos en los caminos de Dios. Así dice la Palabra de Dios:

2Timoteo 3:16: Toda Escritura es inspirada por Dios y útil para enseñar, para reprender, para corregir, para instruir en justicia (LBLA).

Sal 32:8: Yo te instruiré y te enseñaré el camino que debes de andar; yo te daré consejo; mis ojos estarán observándote (KIM).

La Torah, era el camino que la nación de Israel debía seguir, la cual es Yeshua "Jesucristo" la Torah viviente. Es por eso que cuando Israel se alejó de la Torah que indicaba la senda que los conduciría al padre celestial, el llamado de Dios fue:

Jeremías 6:16: Así ha dicho Yahweh: "Párense por los caminos y consideren, pregunten por las sendas antiguas: ¿Cuál es el camino a la felicidad? Caminen por él, y hallen tranquilidad para sus vidas. Pero ellos dijeron: '¡No caminaremos por él!'" (VIN).

La nación de Israel había abandonado la instrucción divina; la ley de Dios estaba siendo violada. Ellos habían tomado otro camino. Uno que los alejaba del Padre celestial. Por eso Yeshua dijo:

Juan 14:6: Jesús le dijo: Yo soy el camino, y la verdad, y la vida; nadie viene al Padre sino por mí (LBLA).

El pueblo se encontraba caminando por un sendero equivocado, no estaba cumpliendo con las leyes divinas, las torcía para su propia perdición, por eso Yeshua les dice:

Mateo 7:13: "Entren por la puerta estrecha; porque ancha es la puerta, y espacioso el camino que lleva a la perdición, y son muchos los que entran por ella. Mat 7:14: Pero ¡qué estrecha es la puerta y qué angosto el camino que lleva a la vida! Y son pocos los que la hallan (VIN).

Yeshua vino a cumplir la Torah, a llevar a cabo la instrucción divina del padre celestial. Él no vino para violarla, sino para demostrar que sí se puede obedecer al Padre guardando sus mandamientos.

Mateo 5:17: No penséis que he venido para abolir la ley o los profetas; no he venido para abolir, sino para cumplir (LBLA).

Yeshua, el Mesías, vino a hacer la voluntad del Padre. El pueblo se encontraba haciendo su propia voluntad.

Juan 6:38: Porque yo he descendido del cielo, no para hacer la voluntad mía, sino la voluntad del que me envió. (VIN)

La Torah fue escrita por Dios en tablas de piedras, esto es conocido como el Primer Pacto. Las piedras representaban al pueblo de Israel de corazones endurecidos; la Palabra o instrucción divina del Eterno era violada constantemente. Así está documentado:

Éxodo 24:12: Y el Señor dijo a Moisés: Sube hasta mí, al monte, y espera allí, y te daré las tablas de piedra con la ley y los mandamientos que he escrito para instrucción de ellos (LBLA).

El escritor de la carta a los hebreos nos dice:

Hebreos 3:7: Por lo cual, como dice el Espíritu Santo: Si oís hoy su voz, Heb 3:8: no endurezcáis vuestros corazones, como en la provocación, como en el día de la prueba en el desierto, Heb 3:9: donde vuestros padres me tentaron al ponerme a prueba, y vieron mis obras por cuarenta años. Heb 3:10: por lo cual me disgusté con aquella generación, y dije: "siempre se desvían en su corazón, y no han conocido mis caminos" (LBLA) (Leer Salmos 95:8-9).

La raíz de la palabra *tōrāh* es el verbo *yarah*, que significa 'tirar una flecha para dar en el blanco, fluir como el agua o apuntar con el dedo'. Es producir los frutos correctos como árboles de justicia. Así está escrito:

Isaías 61:3: para conceder que a los que lloran en Sion se les dé diadema en vez de ceniza, aceite de alegría en vez de luto, manto de alabanza en vez de espíritu abatido; para que sean llamados robles de justicia, plantío del Señor, para que Él sea glorificado. Isa 61:4: Entonces reedificarán las ruinas antiguas, levantarán los lugares devastados de antaño, y restaurarán las ciudades arruinadas, los lugares devastados de muchas generaciones (LBLA).

Yeshua es la Torah viviente que vendría a estar escrita en el corazón del pueblo. Así dice la Biblia:

Juan 1:1: En el principio [ya] era la Palabra, y [aquel que es] la Palabra era con el Dios, y la Palabra era Dios (NRV2000).

Juan 1:14: Y aquella Palabra fue hecha carne, y habitó entre nosotros; (y vimos su gloria,) gloria como del Unigénito del Padre, lleno de gracia y de verdad (NRV2000).

Él vino a darle vida a la letra muerta escrita en tablas de piedras. En ningún momento Yeshua dijo que la ley o Torah ya no estaba en vigencia. La ley del Señor ahora es cuando tomaría fuerza, y vino a poner en orden lo que estaba desordenado. Yeshua vino a enseñarnos cómo poner en práctica la ley.

Ahora, la instrucción divina, la Torah, empezaba a escribirse en el corazón. Yeshua vino a darle valor a la Constitución del Cielo interpretándola correctamente. Una nueva historia se iniciaba en la nación de Israel. Así dice la Palabra de Dios:

Jeremías 31:31: Miren, viene un tiempo —declara Yahweh— cuando haré una nueva alianza con la Casa de Yisrael y con la Casa de Yahudah.

Jer 31:32: No será como la alianza que hice con sus padres, cuando los tomé de la mano para sacarlos de la tierra de Mitsráyim, una alianza que ellos violaron, de modo que yo los rechacé –declara Yahweh. Jer 31:33: Pero ésta será la alianza que haré con la Casa de Yisrael después de aquellos días –declara Yahweh: Pondré mi Torah en su interior y la escribiré en su corazón. Entonces yo seré su Elohim, y ellos serán mi pueblo. Jer 31:34: Ya no necesitarán enseñarse unos a otros y decirse unos a otros: "Hazle caso a Yahweh"; porque todos ellos me harán caso, desde el más pequeño de ellos hasta el más grande –declara Yahweh. Porque yo perdonaré su iniquidad y no me acordaré más de su pecado (VIN).

Es muy curioso saber que el lugar donde está ubicado nuestro corazón se llama la *caja torácica*. Desde un principio, Dios siempre nos pidió el corazón para habitar en el a través de su palabra o ley o Torah, su instrucción divina.

Proverbios 23:26: Dame tu mente, hijo mío; que tus ojos observen mis caminos (VIN).

¿Quién es el camino al padre? Yeshua, según Juan 14:6. La nación de Israel no había observado en la instrucción divina que el camino que los llevaría de vuelta a casa era Yeshua. En la carta a los romanos está escrito:

Romanos 10:8: Mas, ¿qué dice? Cerca de ti esta la palabra, en tu boca y en tu corazón, es decir, la palabra de fe que predicamos: Rom 10:9: que si confiesas con tu boca a Jesús por Señor, y crees en tu corazón que Dios le resucitó de entre los muertos, serás salvo; Rom 10:10: porque con el corazón se cree para justicia, y con la boca se confiesa para salvación (LBLA).

Yeshua vino a hacer cumplir la Constitución de su Padre celestial, la cual estaba siendo violada o quebrantada constantemente por aquellos que le daban una interpretación incorrecta, dejando así al pueblo sin el entendimiento o comprensión del propósito de las leyes promulgadas en el Sinaí a través de la entrega de la Torah.

Mateo 5:17: ¡Ni os pase por la mente la idea [de] que he venido para declarar abrogada la Torah o los profetas! No he venido a abrogar, sino a mostraros cómo interpretarla correctamente (Traducción Código Real).

Yeshua confronta públicamente a escribas y fariseos haciéndoles ver su error, aunque desde muy temprano a través de los profetas en el primer pacto, ya Dios venía denunciando esta práctica. Así está documentado:

Marcos 7:9: También les decía: Astutamente violáis el mandamiento de Dios para guardar vuestra tradición (LBLA).

Marcos 7:13: invalidando así la palabra de Dios por vuestra tradición, la cual habéis transmitido, y hacéis muchas cosas semejantes a éstas (LBLA).

Isaías 24:5: También la tierra es profanada por sus habitantes, porque traspasaron las leyes, violaron los estatutos, quebrantaron el pacto eterno (LBLA).

Querido lector:

Para una mejor comprensión sobre este tema, te invito a estudiar la Escritura de Yeshua sobre el polvo de la tierra. Acompáñame a descubrir este misterio. ¿Qué escribió el Mesías en la tierra mientras una turba de escribas y fariseos le presentaba a una mujer hallada en pleno acto de adulterio? ¿Qué relación tiene este acontecimiento con el cumplimiento de la ley de Dios o Torah de Yahweh? ¿Qué estaba escribiendo el Maestro? Sabemos que el Señor Yeshua todo lo que hacía era con propósito. En el Evangelio de Juan, capítulo 8, encontramos esta historia:

Juan 8:1: Y Jesús se fue al monte de las Olivas. Jua 8:2: Y por la mañana volvió al templo, y todo el pueblo vino a él; y sentado él, les enseñaba. Jua 8:3: Entonces los escribas y los fariseos le traen una mujer tomada en adulterio; y poniéndola en medio, Jua 8:4: le dicen: Maestro, esta mujer ha sido tomada en el mismo hecho, adulterando; Jua 8:5: y en la ley Moisés nos mandó apedrear a las tales. Tú pues, ¿qué dices? Jua 8:6: Mas esto decían tentándole, para poder acusarle. Pero Jesús, inclinado hacia abajo, escribía en tierra con el dedo. Jua 8:7: Y como perseverasen preguntándole, se enderezó, y les dijo: El que de vosotros esté sin pecado, [sea] el primero en arrojar la piedra contra ella. Jua 8:8: Y volviéndose a inclinar hacia abajo, escribía en tierra. Jua 8:9: Oyendo pues [ellos] esto (redargüidos de la conciencia), se salían uno a uno, comenzando desde los más viejos (hasta los postreros), y quedó solo Jesús, y la mujer que estaba en medio. Jua 8:10: Y enderezándose Jesús, y no viendo a nadie más que a la mujer, le dijo: ¿Mujer, dónde están los que te acusaban? ¿Ninguno te ha condenado? Jua 8:11: Y ella dijo: Señor, ninguno. Entonces Jesús le dijo: Ni yo te condeno; vete, y no peques más. Jua 8:12: Y les habló Jesús otra vez, diciendo: Yo soy [la] luz del mundo; el que me sigue, no andará en tinieblas, mas tendrá [la] luz de [la] vida (NVR2000).

Es muy interesante saber que este es el único registro que tenemos donde se nos informa que Yeshua escribió algo, pero no en un pergamino, sino en el polvo de la tierra. Analicemos el contexto de esta historia.

Te invito a realizar una investigación como lo haría un fiscal del ministerio público para resolver este juicio. Lo primero que necesitamos saber es que el capítulo 7 del Evangelio de Juan nos informa que este evento sucedió cerca de la fecha de celebración de la fiesta de los Tabernáculos (del hebreo *sukok*), también conocida como la fiestas de las Cabañas, descrita en Levítico 23.

Pero veamos lo que nos dice el Evangelio de Juan al respecto:

Juan 7:1: Después de esto, Jesús andaba por Galilea, pues no quería andar por Judea porque los judíos procuraban matarle. Jua 7:2: Y la fiesta de los judíos, la de los Tabernáculos, estaba cerca (LBLA).

La palabra que emplea el idioma hebreo para *fiesta* es *moed*, que significa 'fiesta, estación, citas divinas, tiempo señalado'. Esto lo encontramos en Génesis, capítulo 1. Cuando Dios creó el sol, la luna y las estrellas, las puso como un reloj gigante en el cielo para marcar las estaciones o *moedin*, como se dice en hebreo. La luz del sol nos da la hora del día. La luna nos revela los días del mes y las constelaciones nos dicen en qué mes del año estamos.

En Levíticos 23 vemos que estas citas divinas o tiempos designados por el Eterno tienen el propósito de acercarnos a Dios. El Padre Eterno ha marcado temporadas para tener en cada una de ellas una cita con su pueblo. En estas fiestas, el concilio celestial ha revelado todo el plan de Yahweh para salvar a la humanidad. Estas fiestas señalan la actuación que tendría el Mesías en su rol como Salvador. El pueblo había olvidado las temporadas proféticas. No tenían entendimiento de su significado. Se quedaron solo con la ceremonia. Así lo denuncia el profeta Jeremías:

Jeremías 8:7: Hasta la cigüeña en el cielo conoce sus épocas, la tórtola, la golondrina y la grulla guardan el tiempo de su migración; pero mi pueblo no le hace caso a la ley de Yahweh (VIN).

De esto hablaremos con mayor profundidad en otra edición.

La *moed* o fiesta de los Tabernáculos es la última de estas siete fiestas; corresponde a la temporada del otoño. Esta fiesta nos recuerda el tiempo en que Dios habitó en tiendas con su pueblo en el desierto, cuando durante 40 años los guio a través de la instrucción divina a la tierra prometida. Esta fiesta nos recuerda que un día la nueva Jerusalén desandará del cielo como esposa ataviada para su marido, para Yeshua. Está documentado que en esta fiesta las naciones tendrán que presentarse delante de Dios. Veamos:

Zac 14:16: Y sucederá que todo sobreviviente de todas las naciones que fueron contra Jerusalén subirán de año en año para adorar al Rey, Señor de los ejércitos, y para celebrar la fiesta de los Tabernáculos (LBLA).

Isaías 66:23: Y sucederá que de luna nueva en luna nueva y de día de reposo en día de reposo, todo mortal vendrá a postrarse delante de mí —dice el Señor (LBLA).

¿Qué relación tienen las fiestas del Señor y la mujer adúltera y la escritura de Yeshua sobre la arena? Recordemos que la historia de la mujer adúltera sucedió cuando ya se había celebrado la fiesta de los Tabernáculos. Sigamos avanzando.

El Evangelio de Juan nos dice que una turba de escribas y fariseos, expertos en la interpretación de la ley de Moisés, le traen a Yeshua una mujer encontrada en pleno acto de adulterio. Hoy, cuando se estudia esta historia, muchos llegan a la conclusión que Yeshua vino a cambiar la Torah o ley, la instrucción divina de nuestro Padre celestial. Estos nuevos intérpretes dicen que ya no estamos bajo la ley sino bajo la gracia. En esto hay que tener mucho cuidado, porque la gracia no invalida la ley de Dios. Así está escrito:

Romanos 3:31: ¿Anulamos entonces la ley por medio de la fe? ¡De ningún modo! Al contrario, confirmamos la ley (LBLA).

Afirmar que la gracia pasó por alto pecados como el adulterio no es correcto. Si Yeshua, el Mesías de Israel cuyo nombre significa *salvación*, hubiese quebrantado un solo mandamiento de la ley de Dios, se hubiera convertido en pecador. Así está registrado en el Nuevo Testamento:

Santiago 2:9: Pero si mostráis favoritismo, cometéis pecado y sois hallados culpables por la ley como transgresores. Stg 2:10: Porque cualquiera que guarda toda la ley, pero tropieza en un punto, se ha hecho culpable de todos. Stg 2:11: Pues el que dijo: No cometas adulterio, también dijo: No mates. Ahora bien, si tú no cometes adulterio, pero matas, te has convertido en transgresor de la ley (LBLA).

Si Yeshua hubiera quitado un solo mandamiento se hubiera constituido en transgresor de la ley. Yeshua tenía pleno conocimiento de la orden del Padre celestial de no quitarle ni agregarle nada a la ley. Así lo registra la Biblia:

Deuteronomio 4:2: No añadiréis nada a la palabra que yo os mando, ni quitaréis nada de ella, para que guardéis los mandamientos del Señor vuestro Dios que yo os mando (LBLA).

Queda claro, con este pasaje, que está prohibido quitar o poner a la ley de Dios. Si Yeshua lo hubiera hecho, él mismo se hubiera contradicho. El hizo en el *Sermón del Monte,* una solemne declaración. Veamos:

Mateo 5:17: No penséis que vine a abrogar la Ley o los Profetas; no vine a abrogar, sino a cumplirla. Mat 5:18: De cierto os digo: hasta que pasen el cielo y la tierra, de ningún modo habrá de pasar una iota (J) ni una tilde de la letra de la ley, hasta que todo se haya cumplido. Mat 5:19: Por tanto, cualquiera que quebranta un solo de estos mandamientos, de los más pequeños, y así enseñe a los hombres, muy pequeño será llamado en el reino de los cielos; pero cualquiera que los practique y enseñe, éste será llamado grande en el reino de los cielos (NVP).

Derogar, es dejar sin efecto una norma jurídica o cambiar parte de ella. Yeshua no vino a derogar la ley de Dios, sino a enseñar cómo aplicarla correctamente. Aleluya. Ni los cielos ni la tierra han pasado, aún no hemos recibido los cielos nuevos ni la tierra nueva de los que nos habla el libro de Apocalipsis 21, por la tanto, la Torah o ley está vigente.

Ningún mandamiento, sea grande o pequeño, se puede quebrantar. Yeshua declara que cualquiera que enseñe a quebrantar un mandamiento, por muy pequeño que este sea, y así enseñe a los hombres, será llamado *pequeño* en el reino de los cielos. Mas a cualquiera que los ponga en práctica y los enseñe será llamado *grande* en el reino de los cielos.

Algunos afirman que Dios si así lo desea puede cambiar los mandamientos porque estos fueron escritos en tablas de piedra. ¿Será esto posible? ¿Dios puede cambiar su constitución y adecuarla a los nuevos tiempos? La Biblia nos dice que el que tal haga se constituye un falso profeta. Así está documentado en ella:

Deuteronomio 13:1: Cuando se levantare en medio de ti profeta, o soñador de sueños, y te anunciare señal o prodigios, Deu 13:2: y si se cumpliere la señal o prodigio que él te anunció, diciendo: Vamos en pos de dioses ajenos, que no conociste, y sirvámosles; Deu 13:3: no darás oído a las palabras de tal profeta, ni al tal soñador de sueños; porque vuestro Dios os está probando, para saber si le amáis con todo vuestro corazón, y con toda vuestra alma. Deu 13:4: En pos de vuestro Dios andaréis; a él temeréis, guardaréis sus mandamientos y escucharéis su voz, a él serviréis, y a él seguiréis. Deu 13:5: Tal profeta o soñador de sueños ha de ser muerto, por cuanto aconsejó rebelión contra vuestro Dios que te sacó de tierra de Egipto y te rescató de casa de servidumbre, y trató de apartarte del camino por el cual tu Dios te mandó que anduvieses; y así quitarás el mal de en medio de ti (NVP).

Yeshua es el verdadero profeta que habrá de venir para enseñarnos la Torah; solo a Él debemos oír.

Zac 8:23: Acontecerá en aquellos días que diez hombres de las naciones de todos los idiomas se asirán del manto de un judío y le dirán: '¡Dejadnos ir con vosotros, porque hemos oído que Dios está con vosotros!' (NVP).

Deuteronomio 18:15: Profeta de en medio de ti, de tus hermanos, como yo, te levantará el Señor; a Él oiréis (NVP).

Si Yeshua hubiese enseñado a quebrantar la ley y a los profetas se habría convertido en falso profeta. Esto lo haría merecedor de la muerte, y los fariseos tendrían razón en desear eliminarlo. Pero no tan solo eso, sino que si Yeshua es el mismo Dios que dio los mandamientos en el Sinaí, y ahora él mismo no está dispuesto a cumplir, tendríamos a un Dios corrupto y pecador. Todo lo contrario a esto, Yeshua declaró:

Juan 6:38: pues he descendido del cielo, no para hacer la voluntad mía, sino la voluntad del que me envió (NVP).

Entonces, ¿qué sucedió con la mujer adúltera que aparece en Juan 8? ¿Por qué Yeshua no apedreó a esa mujer adúltera? Te daré la respuesta:

Yeshua no ejecuta la sentencia de muerte sobre esta mujer porque él sí guardaba la ley. En la ley está escrito, que quienes cometen el delito de adulterio, ambos, debían ser presentados y condenados a muerte. Así lo registra Levítico:

Levítico 20:10: Si un hombre cometiere adulterio con la mujer de su prójimo, el adúltero y la adúltera indefectiblemente serán muertos (NVP).

Solo la mujer fue presentada ante Yeshua, lo cual hacia el juicio ilegal: el varón tenía que ser juzgado también, ya que él formaba parte del delito. La ley de Dios establece que todos los casos de muerte se presentarán con dos o tres testigos. Veamos:

Deuteronomio 17:6: Por el testimonio de dos o de tres testigos morirá el que hubiere de morir; no morirá por el testimonio de un solo testigo (NVP).

EL DEBIDO PROCESO JUDICIAL ESTABA SIENDO VIOLADO

En el juicio faltaban los testigos. En el supuesto que haya sido el marido quien encontró a su esposa cometiendo adulterio, ¿dónde está? No aparece en la escena del juicio. Los testigos eran necesarios para evitar que inocentes fuesen acusados falsamente. La ley de Dios también dictamina que los casos de muerte se presentarán ante los jueces de la nación en la puerta de la ciudad donde se encontraban los tribunales. Veamos:

Éxodo 21:6: entonces su amo lo llevará ante los jueces, y le hará estar junto a la puerta o al poste; y su amo le horadará la oreja con lezna, y será su siervo para siempre (NVP).

Los jueces atendían en la puerta de la ciudad, no en el patio del templo, lo cual representa otra violación al debido proceso de este juicio, haciéndolo inválido, ilegal. Además, Yeshua era un maestro de Israel, no un juez, aunque si era abogado, representante del pueblo ante el tribunal del cielo, según el orden de Melquisedec, para hacer valer el derecho del pueblo de ser juzgado según la Constitución del Cielo o ley de Dios.

1Juan 2:1: Hijitos míos, os escribo estas cosas para que no pequéis. Y si alguno peca, abogado tenemos para con el Padre, a Jesucristo el justo (LBLA).

En la ley de Yahweh está estatuido lo siguiente:

Éxodo 23:1: No propagarás falso rumor. No te concertarás con el impío para ser testigo falso. Éxo 23:2: No seguirás a los muchos para mal hacer, ni responderás en litigio inclinándote a los más, para hacer agravios (NRV1990).

Veamos otra ley que debía tomarse en cuenta para el debido proceso judicial:

Deuteronomio 19:15: "Un solo testigo no será suficiente contra ningún delito o pecado cometido. Sólo por el dicho de dos o tres testigos se decidirá la causa. Deu 19:16: "Si se levanta un testigo falso contra alguno, para acusarlo, Deu 19:17: "entonces los dos hombres litigantes se presentarán ante el Eterno, ante los sacerdotes y jueces que estén en función. Deu 19:18: "Y los jueces investigarán a fondo, y si aquel testigo resulta ser falso, que acusó falsamente a su hermano, Deu 19:19: "le haréis a él lo que él pensó hacer a su hermano, y quitarás el mal de en medio de ti" (NRV1990).

¿Lo puede observar? De acuerdo con la ley, todos los de la turba que se presentaron como testigos falsos deberían morir apedreados, ya que ellos estaban presentando un caso ilegal. Al dejar claro esto, ahora entendemos por qué Yeshua no condenó a la mujer, sino que, mirando a la multitud y escribiendo en el polvo de la tierra, dando la oportunidad que reconocieran su hipocresía, luego se levanta y les dice: El que esté libre de culpa que sea el primero en lanzar la primera piedra. La Biblia no nos prohíbe juzgar; nos prohíbe que lo hagamos de manera injusta. En otra ocasión, Yeshua dijo:

Juan 7:24: "No juzguen según las apariencias; juzguen con juicio justo" (VIN).

Todos los que integraban la turba sabían que lo que estaban solicitando a Yeshua era improcedente. Todos ellos conocían la ley de Moisés. Todos se fueron reconociendo que eran culpables de trasgredir la ley de Dios. Pecado es hacer lo incorrecto. Es incorrecto violar la ley del Eterno. Así lo registra la Biblia:

1Juan 3:4: Todo el que practica el pecado, practica también la infracción de la ley, pues el pecado es infracción de la ley (LBLA).

—¿Dónde están los que te acusaban? —preguntó Yeshua a la mujer.

Ella respondió:

—Ninguno, Señor.

—Ninguno te condenó; yo tampoco te condeno. Vete y no peques más.

El señor no le dijo a esta mujer que podía marcharse y continuar con su vida, no; le dijo que no siguiera transgrediendo la ley. El Señor le brindó otra oportunidad para hacer lo correcto. La Biblia dice que los adúlteros no heredarán el reino de los cielos. Veamos:

1Co 6:9: ¿O no sabéis que los injustos no heredarán el reino de Dios? No os dejéis engañar: ni los inmorales, ni los idólatras, ni los adúlteros, ni los afeminados, ni los homosexuales (LBLA).

Pero ¿qué escribía Yeshua en la tierra mientras se ejecutaba este juicio ilegal contra la mujer?

Recordemos que todo esto aconteció cuando había terminado de celebrarse la fiesta de los Tabernáculos, la cual tiene una duración de ocho días. Durante esta fiesta, Yeshua declara a los fariseos que su doctrina es del Padre y no de él mismo. Veamos:

Juan 7:16: Por tanto, Jesús les respondió y dijo: Mi doctrina no es mía, sino del que me envió. Jua 7:17: Si alguno quiere hacer su voluntad, conocerá acerca de la doctrina si es de Dios, o sí yo hablo de mí mismo. Jua 7:18: El que habla de sí mismo busca su propia gloria; pero el que busca la gloria del que le envió, éste es verdadero, y en él no hay injusticia. Jua 7:19: ¿No os dio Moisés la Ley? Y ninguno de vosotros la cumple. ¿Por qué procuráis matarme? (NVP).

Yeshua, en su rol de maestro, enfrenta a estos líderes ciegos. Primero les dice: *Ustedes en verdad no quieren cumplir la ley de Dios. Ustedes me quieren matar.* Está escrito: *Éxodo 20:13: No asesinarás.*

En el último día de la fiesta de los Tabernáculos se realizaba una procesión; esta se llamaba la ofrenda de agua (en hebreo, *nisuj hamayim*). Se hacía lo siguiente: los sacerdotes se dirigían al manantial de cedrón, donde llenaban sus recipientes de agua viva, haciendo referencia al agua que no estaba estancada sino que corría. Este ritual bíblico recibe el nombre de *libación*, y consistía en derramar agua sobre el altar, pidiéndole al Señor que enviara su lluvia para el tiempo de la cosecha de los frutos. En el mismo momento en que los sacerdotes están sacando agua del manantial para hacer sus libaciones, Yeshua se pone de pie y declara:

Juan 7:37: Pero en el último día, el más Grande de la fiesta, puesto en pie, alzó la voz diciendo: Si alguno tiene sed, venga a mí y beba. Jua 7:38: El que cree en mí, como dice la Escritura, de su interior fluirán ríos de agua viva (NVP).

Yeshua les está diciendo, en medio de las ofrendas de libaciones, que Él era el cumplimiento de la celebración de la fiesta de los Tabernáculos y la respuesta a sus oraciones. Él era la lluvia temprana que vendría a regar la tierra para hacer germinar la semilla de su Palabra y para que el país diera los frutos correctos, frutos de justicia. Es en uno de esos momentos cuando los fariseos y saduceos se presentan ante Él llevando a la mujer adúltera, solo con el propósito de probarle. A estos líderes no les importaba cumplir la ley.

Una vez más nos preguntamos: ¿Qué estaba escribiendo Yeshua en el polvo de la tierra? ¿Lo quieres saber? Continúa leyendo y lo sabrás.

118

El agua en la Biblia representa la Palabra de Dios. Por eso, Yeshua, antes que le trajeran a la mujer adúltera, declaró que Él era el agua viva

Isaías 55:10: Porque como desciende de los cielos la lluvia y la nieve, y no vuelve allá, sino que riega la tierra, y la hace germinar y producir, y da semilla al que siembra, y pan al que come, Isa 55:11: así será mi Palabra que sale de mi boca; no volverá a mí vacío, sino que hará lo que yo quiero, y será prosperado en aquello para que lo envié (NVP).

Querido lector:

El agua es la palabra de Dios y Yeshua es el logo de Dios hecho carne. Así lo registra Juan 1:12. Dice que la palabra habitó, o sea hizo tabernáculos entre nosotros.

El Evangelio es la buena noticia que nos llegó del cielo:

Proverbios 25:25: Como el agua fría al alma sedienta, así son las buenas nuevas de lejanas tierras (NVP).

Dios prometió lavarnos con el agua de su palabra, con la única agua que limpia y purifica, dándonos un nuevo corazón donde el escribiría su ley, dejando atrás las tablas de piedras para grabarlas ahora en nuestros corazones, deseosos de amar a Dios y obedecerle. Veamos el documento bíblico:

Ezequiel 36:25: Os cubriré con agua limpia y seréis purificados de todas vuestras impurezas, y de todos vuestros ídolos os limpiaré. Eze 36:26: Os daré un corazón nuevo y pondré un espíritu nuevo dentro de vosotros. Quitaré de vosotros el corazón de piedra y os daré un corazón de carne. Eze 36:27: Pondré dentro de vosotros mi espíritu, y haré que andéis en mis estatutos y que guardéis mis preceptos y los pongáis por obra (NVP).

Vinculado a esto, el profeta Amos nos dice:

Amó 8:11: He aquí que vienen días, en los cuales enviaré hambre a la tierra; no hambre de pan, ni sed de agua, sino de oír las palabras del Señor (NVP).

Tener hambre y sed de justicia no es otra cosa que desear la Palabra de Dios. Yeshua declaró:

Juan 7:38: El que crea en mí, como dice la Escritura, ríos de agua viva correrán de su interior (NVP).

Si obedeces lo que Dios dejó escrito en su Palabra o ley, de tu interior correrán esos ríos de agua viva. En el agua viva se desarrolla la vida; en la estancada, la muerte. ¿Cuál prefieres tú?

¿Ya estás listo para saber qué fue lo que Yeshua escribió en el polvo de la tierra? Seguro que dirás que sí. La repuesta la encontramos en el Antiguo Testamento, en una profecía del profeta Jeremías. Veamos:

Jeremías 17:13: Oh Señor, esperanza de Israel, todos los que te abandonan serán avergonzados. Los que se apartan de ti serán escritos en el polvo, porque abandonaron al Señor, fuente de aguas vivas (LBLA).

Querido lector:

Todos aquellos que decían obedecer a Dios y su ley lo abandonaron. Dejaron a un lado su Palabra, su instrucción divina. No aceptaron a Yeshua, sino que abandonaron al que es manantial de agua viva y cavaron para sí cisternas rotas, que no retienen agua. El pueblo estaba lleno de sus tradiciones y mandamientos de hombres y no de la poderosa palabra y perfecta ley de Yahweh. Por ese motivo se alejaron avergonzados.

Jeremías 2:13: Porque dos males ha hecho mi pueblo: me han abandonado a mí, fuente de aguas vivas, y han cavado para sí cisternas, cisternas agrietadas que no retienen el agua (LBLA).

Hoy te pregunto: ¿Amas a Dios? ¿Respetas su ley? ¿La pones por obra? ¿Qué eres: un hacedor o un violador de la ley divina? ¿Seguirás caminado en error o decidirás por la verdad de Dios que te hace libre? ¿Seguirás con sed o aceptarás la invitación que Yeshua le ofreció a la samaritana?

Juan 4:10: Respondió Jesús y le dijo: Si comprendieras el regalo de Dios, y quién es el que te dice: "Dame de beber", tú le pedirías, y te daría agua viva (NVP).

La ley de Dios es perfecta.

Romanos 7:12: De manera que la ley a la verdad es santa, y el mandamiento santo, justo y bueno (VIN).

Capítulo 8

Consecuencia de la transgresión ciudadana

Adán, al desobedecer a Dios, se convirtió en el primer transgresor. Él violó el mandamiento del Eterno. Esto trajo graves consecuencia para los primeros habitantes de la tierra en el país del Edén. Adán y Eva no conocían la vejez, ni la enfermedad, menos aún la muerte física; el dolor no estaba presente en ellos.

Romanos 5:17: Porque si por la transgresión de uno, por éste reinó la muerte, mucho más reinarán en vida por medio de uno, Jesucristo, los que reciben la abundancia de la gracia y del don de la justicia (LBLA).

Sentimientos como la tristeza empezaron a tomar lugar en sus corazones. La envidia tomó fuerza en el corazón del hijo mayor, Caín, quien se levantó contra su hermano Abel y le dio muerte. Puedo imaginar el inmenso dolor de Eva, la primera madre que ve morir a un hijo no de muerte natural, sino asesinado por su propio hermano. Esta madre vivió el drama de ver a su familia desplomarse.

Posiblemente, Eva pensó que era responsable de lo que estaba sucediendo. Ella había desobedecido el mando del Eterno e invitado a su esposo a hacer lo mismo.

Génesis 3:6: Cuando la mujer vio que el árbol era bueno para comer, y que era agradable a los ojos, y que el árbol era deseable

123

para alcanzar sabiduría, tomó de su fruto y comió; y dio también a su marido que estaba con ella, y él comió (LBLA).

Por otro lado se encontraba Adán. En medio de aquel escenario trágico, fue su responsabilidad mantener el orden en el país que Dios le dio y no lo hizo, ahora está observando las horribles consecuencias de su desobediencia. Ver a su esposa sumergida en el dolor por la pérdida de su hijo. ¿Cómo actuar para resolver esta situación familiar? Creo que no fue fácil para Adán. Gracias a Dios que Él siempre tiene la solución a los problemas que generamos al no acatar sus leyes.

Caín también sufrió las graves consecuencias de su error. Fue desterrado del país y alejado de su familia. Tuvo que migrar a otro lugar lejos de los suyos y empezar de nuevo. Caín cometió un delito: su acción fue premeditada y con alevosía. Además, lo ocultó a la vista de todos, menos a la de Dios.

Génesis 4:10: La voz de la sangre de tu hermano clama a mí desde la tierra (DHH).

Dios actuó como juez y legislador para sentenciar semejante delito cometido. Así está documentado:

Génesis 4:11: Ahora pues, maldito eres de la tierra, que ha abierto su boca para recibir de tu mano la sangre de tu hermano... Gén 4:12: Cuando cultives el suelo, no te dará más su vigor; vagabundo y errante serás en la tierra... (LBLA).

A partir de entonces la transgresión se extendió en toda la tierra. Con el destierro de Caín se levantó una civilización que constantemente trasgredía la ley del Eterno. La tierra se llenó de delitos, a tal punto, que Dios toma la decisión de limpiar la tierra y comenzar de nuevo con Noé y su familia. Así está escrito:

8. Consecuencia de la transgresión ciudadana

Génesis 6:5: Y el Señor vio que era mucha la maldad de los hombres en la tierra, y que toda intención de los pensamientos de su corazón era sólo hacer siempre el mal. 6:6: Y le pesó al Señor haber hecho al hombre en la tierra, y sintió tristeza en su corazón. 6:7: Y el Señor dijo: Borraré de la faz de la tierra al hombre que he creado, desde el hombre hasta el ganado, los reptiles y las aves del cielo, porque me pesa haberlos hecho. 6:8: Mas Noé halló gracia ante los ojos del Señor. (LBLA)

Toda la tierra se había corrompido a causa de las múltiples transgresiones de los habitantes del primer mundo. La sociedad se corrompió por completo. El hombre se asoció con otros para cometer delitos. El mal se entronizó en el corazón de cada ciudadano en toda la tierra. Con excepción de Noé y su familia. El delito cada vez se hacía más grande por el incremento del pecado. Un frenesí incontrolable por cometer delitos envolvió a la humanidad. La causa fue presentada ante el tribunal del cielo y el Juez supremo dictaminó la sentencia contra la gravedad de los delitos cometidos. Así dice la Biblia:

Génesis 6:11: Y la tierra se había corrompido delante de Dios, y estaba la tierra llena de violencia. ¹²Y miró Dios a la tierra, y he aquí que estaba corrompida, porque toda carne había corrompido su camino sobre la tierra. ¹³Entonces Dios dijo a Noé: He decidido poner fin a toda carne, porque la tierra está llena de violencia por causa de ellos; y he aquí, voy a destruirlos juntamente con la tierra (LBLA).

El gran juez del universo derramó su justicia divina poniendo fin a la actuación delictiva de la sociedad antediluviana. Una nueva generación emergería para darle continuidad al gran proyecto de Dios de levantar una decencia que trajera la justicia de los siglos con el propósito de restaurar al hombre caído y poner fin a la transgresión. Así dice la palabra de Dios:

Dan 9:24: Setenta semanas han sido decretadas sobre tu pueblo y sobre tu santa ciudad, para poner fin a la transgresión, para terminar con el pecado, para expiar la iniquidad, para traer justicia eterna, para sellar la visión y la profecía, y para ungir el lugar santísimo (LBLA).

Mal 4:2: Mas a vosotros los que teméis mi nombre, nacerá el Sol de justicia, y en sus alas traerá salud; y saldréis, y saltaréis como becerros de la manada (Stendal).

Después del Diluvio Universal, el hombre empezó de nuevo a multiplicarse sobre la tierra, pero poco a poco fue alejándose de Dios de nuevo. El pecado fue tomando fuerza una vez más. El escenario fue la tierra de Sinar, conocida también como el país ubicado entre los ríos Hidiequel o Tigris y el caudaloso Éufrates. Ahí se edificó la monumental Babilonia. En las inscripciones antiguas de los caldeos era Bab-ilu-on. Su nombre, según las inscripciones caldeas era, *bab-ilu*, que significa 'puerta de Dios', en honor al dios sol Nimrod. En griego se le conocía como Bab-ilu-on o Babilonia.

Nimrod estableció en esta ciudad un gobierno universal, un sistema político económico y religioso en la llanura de Sinar, donde él era adorado como un dios. Ahí se inició la construcción de la famosa torre de Babel, bajo la dirección de su Gobierno. La sociedad de la antigua Babilonia fue conducida en rebelión contra Dios y sus leyes; el resultado fue la expansión de un sistema de gobierno mundial rebelde a los preceptos divinos, que se ha extendido por toda la tierra, generando caos y miseria en la humanidad.

El hombre sin Dios es nada; sin su luz y verdad camina por un sendero de tinieblas que lo conduce a un precipicio seguro.

La palabra *Babel* viene del hebreo *balal*, que significa 'confusión'. Desde entonces la confusión se ha apoderado de muchos; creo que es hora de derribar este sistema de confusión y establecer la cultura del Gobierno de Dios en nuestras sociedades. Si no lo hacemos, podríamos desaparecer, como sucedió con estas civilizaciones. Los juicios de Dios nos alcanzarán como a ellos.

Desde los días de Noé, la humanidad no ha cesado de cometer delitos contra Dios y sus leyes. La actuación continúa de la humanidad en transgredir las leyes divinas, ha traído como resultado un incremento en la violencia y todo tipo de corrupción. Por causa de la transgresión ciudadana, las sociedades han desarrollado un permanente **entrenamiento para delinquir**. Cuando una sociedad se aleja de Dios, es arrastrada por el mal. En cambio, cuando una nación tiene a Dios como legislador, sus ciudadanos son bendecidos.

Salmos 33:12: Bienaventurada la nación cuyo Dios es el Señor, el pueblo que Él ha escogido como herencia para sí (LBLA).

El mismo Señor Yeshua Hamashiaj hizo referencia a los acontecimientos en los tiempos de Noé, para referirse al desplome de la sociedad. Indicó que de nuevo el mundo estaría envuelto en una gran crisis moral y ética, donde la justicia y la santidad abandonarían las sociedades por causa de su rebelión. El Señor comparó los días de su venida con los días de Noé. La venida de nuestro Señor Yeshua Hamashiaj será el acontecimiento más importante en la historia de la humanidad. Esto, según la profecía bíblica, ocurrirá dentro de muy poco tiempo. Dios está interviniendo en los asuntos de la humanidad a escala mundial. Al igual que en los días de Noé, hoy la voz profética de Dios se hace sentir en las naciones, llamándolas al arrepentimiento; a un cambio de dirección, a elegir la ruta correcta hacia el Padre celestial. El camino de vuelta a casa ha sido señalado.

Juan 14:6: Le dice Yeshúa: "Yo soy el camino, la verdad y la vida. Nadie va al Padre sino por mí" (SBVUJ).

La actuación pecaminosa de la humanidad nos dice cuán cerca está su venida. En medio de un mundo cada vez más inmerso en las tinieblas, pronto vendrá la justicia de los siglos a poner fin al desenfreno de las sociedades. La Biblia así lo declara:

Mateo 24:37: Porque como en los días de Noé, así será la venida del Hijo del Hombre (LBLA).

A diario se comete transgresión en toda la tierra y las tinieblas envuelven a las naciones. Aun así, Dios nos da palabras de aliento que nos ayudan a mantenernos firmes y esperanzados en Él. Dios ha prometido acabar con la transgresión, no con el transgresor. La oportunidad de disfrutar de un nuevo día es para todos, solo hay que dejar de delinquir.

Juan 8:12: Jesús les habló otra vez, diciendo: Yo soy la luz del mundo; el que me sigue no andará en tinieblas, sino que tendrá la luz de la vida (LBLA).

Isaías 60:2: Porque he aquí, tinieblas cubrirán la tierra y densa oscuridad los pueblos; pero sobre ti amanecerá el Señor, y sobre ti aparecerá su gloria (LBLA).

Esta profecía de Isaías nos dice que la gloria de Dios se verá de nuevo en la humanidad como lo fue en un principio, cuando el hombre fue creado como un reflejo de la gloria de Dios:

Génesis 1:26: Y dijo Dios: Hagamos al hombre a nuestra imagen, conforme a nuestra semejanza.(LBLA)

Después del diluvio, las sociedades se corrompieron de nuevo. Las ciudades de Sodoma y Gomorra son un ejemplo de ello. La perversión se apoderó de todos a tal punto, que Dios decidió enviar un juicio para acabar con la conducta inmoral de sus ciudadanos. Los habitantes de ambas ciudades se encontraban sumergidos en una conducta sensual libertina.

8. Consecuencia de la transgresión ciudadana

La inmoralidad sexual se coronó en cada persona, desde el más joven hasta el más viejo. La transgresión de los ciudadanos de Sodoma y Gomorra no tenía límites. El desenfreno los condujo por un camino de oscuridad total, dejándolos ciegos, sin poder ver la luz de la verdad. Solo el justo Lot fue librado del juicio contra estas ciudades. Dios entró en escena para salvar a Lot y su familia enviando a dos ángeles para su rescate. El desenfreno sexual los llevó a codiciar aun a estos seres sobrenaturales, embistieron como bestias salvajes para devorarlos y saciar su apetito feroz por el sexo. Veamos:

Génesis 19:1: Llegaron, pues, los dos ángeles a Sodoma al caer la tarde, cuando Lot estaba sentado a la puerta de Sodoma. Al verlos, Lot se levantó para recibirlos y se postró rostro en tierra, 19:2: y dijo: He aquí ahora, señores míos, os ruego que entréis en la casa de vuestro siervo y paséis en ella la noche y lavéis vuestros pies; entonces os levantaréis temprano y continuaréis vuestro camino. Pero ellos dijeron: No, sino que pasaremos la noche en la plaza. 19:3: Él, sin embargo, les rogó con insistencia, y ellos fueron con él y entraron en su casa; y les preparó un banquete y coció pan sin levadura, y comieron. 19:4: Aún no se habían acostado, cuando los hombres de la ciudad, los hombres de Sodoma, rodearon la casa, tanto jóvenes como viejos, todo el pueblo sin excepción (LBLA).

El pecado de Sodoma y Gomorra no fue solo la homosexualidad, aunque evidentemente esta es una de las razones principales por las que Dios destruyó estas dos ciudades. Los habitantes de Sodoma y Gomorra querían forzar a los ángeles a tener con ellos relaciones sexuales, las cuales estaban prohibidas por Dios en su Palabra. Veamos:

Levítico 18:22: "No te acostarás con varón como los que se acuestan con mujer; es una abominación (LBLA).

Deuteronomio 23:17: Ninguna de las hijas de Israel será ramera de culto pagano; tampoco ninguno de los hijos de Israel será sodomita de culto pagano (LBLA).

Veamos qué nos dice la Biblia al respecto en la carta a los romanos: *Romanos 1:26: Por esta razón Dios los entregó a pasiones degradantes; porque sus mujeres cambiaron la función natural por la que es contra la naturaleza; [27]y de la misma manera también los hombres, abandonando el uso natural de la mujer, se encendieron en su lujuria unos con otros, cometiendo hechos vergonzosos hombres con hombres, y recibiendo en sí mismos el castigo correspondiente a su extravío. [28]Y como ellos no tuvieron a bien reconocer a Dios, Dios los entregó a una mente depravada, para que hicieran las cosas que no convienen; [29]estando llenos de toda injusticia, maldad, avaricia y malicia; colmados de envidia, homicidios, pleitos, engaños y malignidad; son chismosos,[30]detractores, aborrecedores de Dios, insolentes, soberbios, jactanciosos, inventores de lo malo, desobedientes a los padres, [31]sin entendimiento, indignos de confianza, sin amor, despiadados; [32]los cuales, aunque conocen el decreto de Dios que los que practican tales cosas son dignos de muerte, no sólo las hacen, sino que también dan su aprobación a los que las practican (LBLA).*

El profeta Ezequiel nos dice que estas dos ciudades estaban llenas de arrogancia, y llevaban una vida de opulencia. Vivían orgullosos por la abundancia en bienes materiales; eran glotones, adúlteros, idólatras, egoístas y mucho más. Veamos:

Ezequiel 16:48: Vivo yo —declara el Señor Dios— que tu hermana Sodoma y sus hijas no han hecho como tú y tus hijas habéis hecho. 16:49: He aquí, esta fue la iniquidad de tu hermana Sodoma: arrogancia, abundancia de pan y completa ociosidad tuvieron ella y sus hijas; pero no ayudaron al pobre ni al necesitado, 16:50: y se enorgullecieron y cometieron abominaciones delante de mí. Y cuando lo vi las hice desaparecer (LBLA).

8. Consecuencia de la transgresión ciudadana

En nuestros tiempos, estos pecados también han alcanzado nuestras ciudades. La homosexualidad es vista como un género a elegir. Inclusive en muchos países se ha legalizado el matrimonio homosexual. En el Nuevo Testamento, los apóstoles Pedro y Santiago hacen referencia a este acontecimiento. Veamos:

2Pe 6: si condenó a la destrucción las ciudades de Sodoma y Gomorra, reduciéndolas a cenizas, poniéndolas de ejemplo para los que habrían de vivir impíamente después; [7]si rescató al justo Lot, abrumado por la conducta sensual de hombres libertinos [8](porque ese justo, por lo que veía y oía mientras vivía entre ellos, diariamente sentía su alma justa atormentada por sus hechos inicuos), [9]el Señor, entonces, sabe rescatar de tentación a los piadosos, y reservar a los injustos bajo castigo para el día del juicio, [10]especialmente a los que andan tras la carne en sus deseos corrompidos y desprecian la autoridad. Atrevidos y obstinados, no tiemblan cuando blasfeman de las majestades angélicas (LBLA).

Jud 1:7: como Sodoma y Gomorra, y las ciudades vecinas, las cuales de la misma manera que ellos habían fornicado, y habían seguido desenfrenadamente la carne extraña, fueron puestas por ejemplo, habiendo recibido el juicio del fuego eterno (NRV2000).

La venida del Mesías también es comparada con los días de Sodoma y Gomorra.

Lucas 17:28: Fue lo mismo que ocurrió en los días de Lot: comían, bebían, compraban, vendían, plantaban, construían;… 17:30: Lo mismo acontecerá el día en que el Hijo del Hombre sea revelado (LBLA).

Toda transgresión siempre tiene consecuencias negativas. Cuando los ciudadanos de un país comenten el delito de transgredir las normas jurídicas y las buenas costumbres establecidas, el caos no se hará esperar. Cuando esto sucede surge la imperiosa necesidad de restablecer el orden social a través de las leyes establecidas y la buena actuación de las autoridades competentes, que son las responsables de hacer cumplir la ley para el buen orden de esa sociedad.

Isaías 24:5: También la tierra es profanada por sus habitantes, porque traspasaron las leyes, violaron los estatutos, quebrantaron el pacto eterno. ⁶Por eso, una maldición devora la tierra, y son tenidos por culpables los que habitan en ella. Por eso, son consumidos los habitantes de la tierra, y pocos hombres quedan en ella (LBLA).

Isaías 24:4: La tierra se debilita y se marchita, el mundo se consume, los nobles de la Tierra languidecen. ⁵La Tierra yace profanada por razón de sus habitantes; porque transgredieron la Toráh, cambiaron aun el Pacto eterno. ⁶Por lo tanto, una maldición devorará la Tierra porque sus habitantes en ella han pecado. Por lo tanto, los habitantes de la Tierra serán pobres, y pocos hombres serán dejados (KIM).

Todo acto violatorio que se cometa en contra de cualquier estamento jurídico, se convierte en una actuación ilegal que debe ser disciplinada conforme a lo estatuido. La delincuencia toma fuerza precisamente en la desobediencia de la ley. El no acatar las normas jurídicas trae desorden social. Traspasar las leyes es igual a no respetar los límites. Esto solo produce miseria en una sociedad. Muchas de las leyes que hoy rigen nuestras naciones solo son letra muerta. No se aplican como debería ser. Se violenta el debido proceso, y cuando se usa, en muchas ocasiones es para oprimir a la ciudadanía. Igual sucede con la ley divina. Muchos de los estatutos que Dios estableció fueron rotos y cambiados; un buen ejemplo de esto es el Shabbat, las fiestas descritas en Levíticos 23 —y muchos otros mandamientos de Yahweh— que fueron sustituidas por fiestas paganas.

8. Consecuencia de la transgresión ciudadana

El profeta Isaías nos revela la condición de miseria de la nación por haber cometido el delito de transgredir las leyes del Eterno. Situaciones como la pobreza, la calamidad, las enfermedades, el desorden social, son resultados de la violación de los códigos u ordenanzas del Señor.

Veamos el siguiente ejemplo:

El deterioro de nuestro planeta aumenta cada día. Al hombre se le delegó la responsabilidad de cuidarlo, y en vez de cumplir con lo ordenado por Dios, se ha dedicado a destruirlo. Nuestro planeta sufre por causa de las transgresiones que se comenten a diario. Dios nos delegó la responsabilidad de cuidar de la creación, no de destruirla. En Génesis 1:26-28 leemos que el ser humano recibió de parte de Dios el mandamiento y responsabilidad de hacerse cargo del cuidado de su creación.

Génesis 2:15: Entonces el Señor Dios tomó al hombre y lo puso en el huerto del Edén, para que lo cultivara y lo cuidara (LBLA).

Cuando Dios confió al hombre el cuidado de la tierra, esperaba que este cumpliera con su tarea. La palabra *cuidar* viene del hebreo *shamar*, que significa 'vigilar, guardar, cuidar de una manera gentil, amorosa, preservadora'. Adán no cumplió con su rol de cuidar la tierra. Todo lo contrario, cayó en desgracia por su causa. Pero Dios sí tuvo cuidado de ella. *Hu shamar alay* significa: 'Él cuidó de mí'. Así está documentado:

Salmos 65:9: Tú visitas la tierra y la riegas en abundancia, en gran manera la enriqueces; el río de Dios rebosa de agua; tú le preparas su grano, porque así preparas la tierra. [10]Riegas sus surcos abundantemente, allanas sus camellones, la ablandas con lluvias, bendices sus renuevos. [11]Tú has coronado el año con tus bienes, y tus huellas destilan grosura. [12]Destilan los pastos del desierto, y los collados se ciñen de alegría. [13]Las praderas se visten de rebaños, y los valles se cubren de grano; dan voces de júbilo, sí, cantan (LBLA).

La tierra está esperando la manifestación gloriosa de los hijos de Dios. El apóstol Pablo, escribiendo a los romanos, señala que toda la tierra junto al resto de la creación aguarda el momento escatológico de su liberación. Indica que ella no es responsable de su sufrimiento, sino el hombre por haber transgredido el mandato divino. Esta manifestación solo será posible cuando el Creador Eterno ponga fin al gobierno del hombre en la tierra, enviando a Yeshua en busca de su pueblo para luego ser coronado como el Rey de reyes y Señor de señores. Estamos hablando del día en que las tumbas se abrirán y los muertos en Cristo resucitarán en cuerpos incorruptibles y los vivos seamos transformados en un instante. Así está escrito:

Romanos 8:19: Porque el anhelo profundo de la creación es aguardar ansiosamente la revelación de los hijos de Dios. [20]Porque la creación fue sometida a vanidad, no de su propia voluntad, sino por causa de aquel que la sometió, en la esperanza [21]de que la creación misma será también liberada de la esclavitud de la corrupción a la libertad de la gloria de los hijos de Dios. [22]Pues sabemos que la creación entera a una gime y sufre dolores de parto hasta ahora (LBLA).

La tierra yace profanada por razón de sus habitantes:

- Porque traspasaron las leyes.
- Falsearon el derecho.
- Quebrantaron el pacto sempiterno.

Las cárceles están repletas de delincuentes, ya no se dan abasto los recintos penitenciarios, y cada día crecen más los índices delictivos en nuestras sociedades. Es hora de hacer un alto.

Ezequiel 7:23: Fabricad cadenas, porque el país está lleno de delitos de sangre y la ciudad repleta de violencia (SB MN).

Para seguir profundizando es necesario hacernos la siguiente pregunta: ¿Qué es la *transgresión*?

8. Consecuencia de la transgresión ciudadana

La *transgresión* (o *trasgresión*) puede referirse al quebrantamiento de leyes, normas o costumbres. Una transgresión implica una violación de las tradiciones o las costumbres establecidas. Cuando hablamos de *transgresión* nos estamos refiriendo a aquellos actos que franquean un límite a las normas establecidas. Su resultado es realizar un acto considerado "anormal" que es sancionado por la sociedad y considerado delictivo. En este contexto, la transgresión está relacionada con los límites.

La nación de Israel transgredió constantemente los mandamientos entregados por Dios a través de Moisés en el Sinaí. Ellos debían ponerlos en práctica no solamente para crear un buen orden y desarrollo social, sino para que fuesen modelo para el resto de las naciones. Dios les entregó un código civil para que se rigieran por él. Vemos algunas de estas leyes, solo por dar un ejemplo:

Levítico 18:1: Yahweh dijo a Moshe: [2]"Habla a los hijos de Yisra'el; dile a ellos: 'Yo soy Yahweh tu Elohim. [3]No se ocuparán en las actividades encontradas en el pueblo de Mitzrayim, donde ustedes vivían; y no se ocuparán en las actividades encontradas en la tierra de Kenaan, donde Yo los estoy llevando; ni vivirán por sus leyes. [4]Ustedes obedecerán mis estatutos y mis leyes y caminarán conforme a ellos. [5]Ustedes observarán mis estatutos y mandamientos; si una persona los hace, ella tendrá vida por medio de ellos, Yo soy Yahweh. [6]"Ninguno de ustedes se acercará a nadie que sea pariente cercano para tener relaciones sexuales; Yo soy Yahweh. [7]No tendrás relaciones sexuales con tu padre, y no tendrás relaciones sexuales con tu madre. Ella es tu madre —no tengas relaciones sexuales con ella. [8]No tendrás relaciones sexuales con la esposa de tu padre; esa es la prerrogativa de tu padre. [9]No tendrás relaciones sexuales con tu hermana, la hija de tu padre o la hija de tu madre, ya sea que nazca en casa o en otro lugar. No tengas relaciones sexuales con ellas. [10]No tendrás relaciones sexuales con la hija de tu hijo o con la hija de tu hija. No tengas relaciones sexuales con ellas, porque la desgracia sexual de ellas será la propia tuya. ¹¹*No tendrás relaciones sexuales con la hija de la esposa de tu padre, nacida a tu padre, porque ella es tu hermana, no tengas relaciones sexuales con ella.* ¹²*No tendrás relaciones sexuales con la hermana de tu padre, porque ella es la parienta cercana a tu padre.* ¹³*No tendrás relaciones sexuales con la hermana de tu madre, porque ella es la parienta cercana a tu madre.* ¹⁴*No tendrás relaciones sexuales con el hermano de tu padre. No te acercarás a su esposa; porque ella es tu tía.* ¹⁵*No tendrás relaciones sexuales con tu nuera; porque ella es la esposa de tu hijo. No tengas relaciones sexuales con ella.* ¹⁶*No tendrás relaciones sexuales con la esposa de tu hermano, porque ella es la prerrogativa de tu hermano.* ¹⁷*"No tendrás relaciones sexuales con ambas una mujer y su hija y tampoco tendrás relaciones sexuales con la hija de su hijo ni la hija de su hija; ellas son parientes cercanos a ella, y sería vergonzoso.* ¹⁸*No tomarás mujer para ser la rival con su hermana y no tendrás relaciones sexuales con ella mientras aún su hermana esté viva.* ¹⁹*No te acercarás a una mujer para tener relaciones sexuales con ella mientras ella está inmunda de su tiempo de niddah.* ²⁰*No irás a la cama con la esposa de tu vecino y así hacerte inmundo con ella.* ²¹*"No permitirás que ninguno de tus hijos sea sacrificado a Molej, y así profanando el Nombre de tu Elohim; Yo soy Yahweh.* ²²*"No irás a la cama con un hombre como si con mujer; es una abominación.* ²³*"No tendrás relaciones sexuales con ningún tipo de animal y así hacerte inmundo con él; ni una mujer se presentará a un animal para tener relaciones sexuales con él; es perversión.* ²⁴*"No se hagan inmundos por ninguna de estas cosas; porque todas las naciones que Yo estoy echando delante de ustedes están profanadas con ellas.* ²⁵*La Tierra se ha vuelto inmunda, y por eso es que Yo la estoy castigando —La Tierra misma vomitará a sus habitantes.* ²⁶*Pero ustedes guardarán mis estatutos y mandamientos y no se ocuparán en estas prácticas abominables, ni los ciudadanos ni los extranjeros viviendo con ustedes;* ²⁷*porque la gente de la Tierra ha cometido todas estas abominaciones, y la Tierra ahora está profanada.* ²⁸*Si*

8. Consecuencia de la transgresión ciudadana

ustedes hacen a la Tierra inmunda, los vomitará a ustedes también, así como está vomitando a la nación que estaba allí antes que ustedes. [29]Porque aquellos que se ocupan en cualquiera de estas prácticas abominables, quienes quiera que sean, serán destruidos de su pueblo. [30]Así que guarden mi ordenanza de no seguir ninguna de estas costumbres abominables que otros antes de ustedes han seguido y así se profanen a ustedes mismos por hacerlas. Yo soy Yahweh su Elohim''' (KIM).

Cuando la sociedad viola estas ordenanzas sufre mucho, y lo que logra es no tener un buen líder que la guíe. Sufrirá opresión como le sucedió a los habitantes de Israel, que, por sus constantes violaciones a la ley de Dios, fueron llevados cautivos a otras naciones. Fueron oprimidos por líderes que no conocían a Dios y mucho menos la Torah.

Proverbios 28:2: Una tierra que transgrede [es castigada] con muchos gobernadores; pero con el hombre de entendimiento y conocimiento, la estabilidad es prolongada. [...] Pro 29:4: Un rey da estabilidad a un país por justicia, pero un transgresor lo destruye (KIM).

Job fue un ciudadano ilustre en los tiempos bíblicos, fue empresario, maestro en el país, esposo fiel, buen padre, íntegro en todos sus caminos. Dios mismo se refiere a él con las siguientes palabras:

Job 1:8: Y el Señor dijo a Satanás: ¿No has considerado a mi siervo Job, que no hay otro como él en la tierra, varón perfecto y recto, temeroso de Dios, y apartado de mal?

Este hombre, por todo lo vivido, expresó lo siguiente:

Job 4:8: Conforme a lo que yo he visto, los que cultivan el mal y siembran dificultades, eso cosechan (PDT).

Job vivió conforme a los principios divinos, nunca se corrompió. Aun en los momentos más trágicos de su vida, se mantuvo fiel a Dios y sus convicciones. Job lo perdió todo, menos su integridad. Al final recibió mayor bendición.

Q̲UERIDO LECTOR:

Crea usted en Dios o no, los principios de Dios se cumplirán. Todo lo que se siembra se cosechará al final. El Todopoderoso hará cumplir su palabra. En la Biblia está escrito:

Gálatas 6:7: Y no os engañéis: nadie desobedece a Dios impunemente. Lo que el hombre siembre, eso será también lo que coseche (CST-IBS).

Servir a Dios genera la mayor felicidad que se pueda tener. La obediencia a la ley suprema nos lleva a disfrutar de la verdadera libertad. La rebeldía, en cambio, es una forma de esclavitud. Al desafiar la autoridad del Señor en algún aspecto de nuestra vida, estamos permitiendo que Satanás nos mantenga atados con las cadenas del error y el engaño; la falsa ilusión de libertad que él ofrece es momentánea. Un día serás privado de la vida, serás llevado ante el Juez del universo y todos tus actos pasarán por la balanza de la justicia eterna; si estos no fueron conforme a lo estatuido por las leyes del cielo, sufrirás, serás privado de libertad, no gozarás de la vida eterna que el Padre ofrece a todos aquellos que deciden dejar de delinquir. Aleluya. Dios desea que todos gocemos de felicidad. Tiene lo mejor para tí.

Jeremías 29:11: "Porque yo sé los planes que tengo para vosotros" —declara el Señor—, "planes de bienestar y no de calamidad, para daros un futuro y una esperanza (LBLA).

8. Consecuencia de la transgresión ciudadana

Debemos denunciar la transgresión

Isaías 58:1: ¡Clama a voz en cuello; no te contengas! Alza tu voz como trompeta, y declara a mi pueblo su transgresión y a la casa de Jacob su pecado (LBLA).

La transgresión de los malvados

*Proverbios 12:13: El malvado se enreda en la **transgresión** de sus labios, pero el justo saldrá de la tribulación (LBLA).*

Dios condenará toda transgresión

Hebreos 2:2: Porque si la palabra hablada por medio de ángeles resultó ser inmutable, y toda transgresión y desobediencia recibió una justa retribución (LBLA).

El testimonio falso es transgresión

Deuteronomio 19:16: Si un testigo falso se levanta contra un hombre para acusarle de transgresión, 19:17: los dos litigantes se presentarán delante del Señor, delante de los sacerdotes y de los jueces que haya en esos días (LBLA).

La adoración falsa es transgresión

Jos 22:16: Toda la congregación del Señor dice así: ¿Qué transgresión [es] esta con que prevaricáis contra el Dios de Israel, volviéndoos hoy de seguir al Señor, edificándoos altar para ser hoy rebeldes contra el Señor? (LBLA).

Tomar lo que Dios desecha es transgresión

Jos 22:20: Cuando Acán hijo de Zéraj cometió transgresión con respecto al anatema, ¿no cayó la ira sobre toda la congregación de Israel? ¡Aquel hombre no pereció solo en su iniquidad! (RVA1989).

Cuando los reyes transgreden

1 Corintios 10:13: Así murió Saúl por la transgresión que cometió contra el Señor por no haber guardado la palabra del Señor, y también porque consultó y pidió consejo a una médium (LBLA).

La actitud del transgresor es insolente

Isaías 57:4: ¿Por quién se divierten con tanta alegría? ¿Contra quién siguen abriendo ancha la boca, siguen sacando la lengua? ¿No son ustedes hijos de la transgresión, descendencia de la falsedad? (TNM).

La salvación es para quienes abandonan la transgresión

Isaías 59:20: Y vendrá un Redentor a Sion y a los que en Jacob se aparten de la transgresión —declara el Señor (LBLA).

La transgresión te saca del ministerio

Hechos 1:25: para que tome el oficio de este ministerio y apostolado, del cual cayó Judas por transgresión, para irse a su propio lugar.

Hechos 1:25: "para que tome el cargo de este ministerio y apostolado, del que cayó Judas por transgresión, para irse a su lugar" (NRV1990).

Con humildad se reconoce la transgresión

Job 13:23: ¿Cuántas iniquidades y pecados tengo yo? Hazme entender mi transgresión y mi pecado (NRV1990).

La trasgresión multiplica la maldad

Proverbios 29:16: Cuando aumentan los impíos, aumenta la transgresión, pero los justos verán su caída (LBLA).

Yeshua, el Salvador

Isaías 53:8: Después de aprehenderlo y juzgarlo, le dieron muerte; nadie se preocupó de su descendencia. Fue arrancado de la tierra de los vivientes, y golpeado por la transgresión de mi pueblo (NVI 1999).

Dios está dispuesto a perdonar toda transgresión

Números 14:18: El Señor es lento para la ira y abundante en misericordia, y perdona la iniquidad y la transgresión; más de ninguna manera tendrá por inocente al culpable; sino que castigará la iniquidad de los padres sobre los hijos hasta la tercera y la cuarta generación (LBLA).

CAPÍTULO 9

LA LEY DEL TALIÓN

A menudo escucho a personas decir que ya no debemos leer el Antiguo Testamento, afirmando que está lleno de leyes absurdas. Creo que hoy más nunca necesitamos entender esto. ¿Será cierto? ¿Quedó caducado el antiguo pacto como muchos dicen? ¿Qué nos enseña la Biblia al respecto?

Querido lector:

Te invito a continuar juntos navegando en el profundo mar de la palabra del Eterno Yahweh y así descubrir, con la ayuda del glorioso Espíritu Santo, sus grandes tesoros. Estás a punto de descubrir una perla de incalculable valor; serás libre de todo engaño del cual muchos están presos, privados de la libertad que nos brinda la palabra de Dios. Así está documentado:

Juan 8:32: *Ustedes conocerán la verdad, y la verdad los pondrá en libertad* (KIM).

El libro que registra el surgimiento de la civilización occidental es la Biblia. Hoy, necesitamos entender esto. Este es un tema complicado cuando lo vemos o estudiamos desde nuestra óptica. La civilización occidental está enraizada en los conceptos de libertad individual y democracia; en el ideal que todas las personas han sido creadas iguales debajo del cielo y, por lo tanto, todas tienen el mismo derecho.

Fue Dios, a través de la Biblia, quien le dio a la humanidad la noción de los derechos humanos, de los cuales hablaremos más adelante, en los siguientes capítulos. Estos ideales fueron

143

muchas veces violados y mal interpretados. Veremos cómo la Biblia ha sido negligentemente olvidada, rechazada por muchas generaciones. La Biblia contiene las leyes más revolucionarias y llenas de justicia que podamos conocer. Objetar lo que Dios establece a través de las Sagradas Escrituras, sin conocer a profundidad lo que en ella está escrito, solo revela el desconocimiento que a muchos los guía. Así está escrito:

Oseas 4:6: Mi pueblo es destruido por falta de conocimiento. Por cuanto tú has rechazado el conocimiento, yo también te rechazaré para que no seas mi sacerdote; como has olvidado la ley de tu Dios, yo también me olvidaré de tus hijos (LBLA).

Empezaremos analizando dos términos bíblicos fundamentales para comprender este tema. El gran gobernante y sabio Salomón dijo:

Proverbios 2:1: Hijo mío, si recibes mis palabras y guardas mis mandamientos dentro de ti, ²poniendo atención a la sabiduría inclinando tu corazón hacia el entendimiento —y la aplicarás a la instrucción de tu hijo. ³Sí, si clamas para sabiduría, y levantas tu voz para discernimiento, ⁴si lo buscas como a la plata y lo rebuscas como a tesoros escondidos —: ⁵entonces entenderás el temor a Yahweh y encontrarás conocimiento de Elohim. ⁶Porque Yahweh da sabiduría; de su boca vienen el conocimiento y el entendimiento (KIM).

Si recibimos la Palabra de Dios y guardamos sus mandamientos, entenderemos lo que significa el temor a Dios, y como resultado tendremos un encuentro con su revelación divina. En este texto bíblico nos encontramos con el término *mandamiento*, del hebreo *mitzvot*, el cual quiere decir 'orden divina, dicho divino'. El rey Salomón le pide a su hijo que guarde estos dichos divinos para que tenga vida abundante. Son los mandamientos de carácter social, que regulan todo tipo de relaciones sociales dentro del pueblo de Israel.

144

La palabra que emplea el idioma hebreo con el significado de 'guardar' es *shamar*. Esta palabra nos da la noción de una "cerca de espinos" para proteger. El rey Salomón aspira que su hijo valore y proteja el conocimiento de Dios como un gran tesoro dentro de su corazón. Solo así podrá recibir la revelación de Dios que nos brinda su conocimiento.

La palabra hebrea *tōrāh* es traducida en español como 'ley'. En realidad, la mejor traducción para esta palabra sería: "instrucción divina, enseñanza". Es la enseñanza amorosa de un padre a su hijo. El apóstol Pablo lo documentó así:

Romanos 15:4: Todo lo que se escribió en el pasado se escribió para nuestra enseñanza, para que por nuestra perseverancia y el consuelo de las Escrituras tengamos esperanza (VIN).

Recordemos que el apóstol Pablo es un rabino de la Torah de Yahweh. Su nombre en hebreo es Shaul. Por lo tanto, Shaul está diciendo que todo lo que encontramos en la Torah de Yahweh, mejor conocida como el Pentateuco o la ley de Moisés -como muchos también se refieren a la Torah- tiene el propósito de instruirnos en los caminos de Dios. Así está documentado:

2 Tito 3:16: Toda la Escritura es inspirada divinamente y es útil para la enseñanza, para la represión, para la corrección, para la instrucción en justicia… (LBLA)

Salmo 32:8: Yo te instruiré, yo te mostraré el camino que debes seguir; yo te daré consejos y velaré por tí. (BAD)

La raíz de la palabra *tōrāh* es el verbo *yarah*. Significa: 'tirar una flecha para dar en el blanco, fluir como el agua o apuntar con el dedo'. Es producir los frutos correctos como árboles de justicia. Está escrito:

Isaías 61:3 para darles diadema en vez de ceniza, aceite de gozo en vez de vestido de luto, alabanza en vez de espíritu abatido. Se les llamará robles de justicia, plantación de Adonai para manifestar su gloria. Isa 61:4 Edificarán las ruinas seculares, los lugares de antiguo desolados levantarán, y restaurarán las ciudades en ruinas, los lugares por siempre desolados. (SBVUJ)

La Torah o instrucción divina del Eterno te vuelve pleno. Lo opuesto a la instrucción divina o Torah lo define la palabra hebrea *jata,* la cual significa 'fallar en el blanco, frustración, pecado'. La solución, cuando fallamos el blanco, es *jata at.* Esta palabra se utiliza en hebreo para referirse a la ofrenda por el pecado.

Ahora que ya tenemos claros estos conceptos, te invito a continuar estudiando junto a mí la Torah de Yahweh, o sea, el Pentateuco o Antiguo Testamento. Busquemos entendimiento en dos leyes que por su mala aplicación nos causan muchos problemas; pero si prestamos la atención debida, obtendremos claridad y descubriremos el verdadero significado de estas leyes, y el propósito para el cual fueron entregadas o impartidas.

Primera ley: el hijo rebelde

Esta ley la encontramos en el libro de Deuteronomio. Veamos:

Deuteronomio 21:18: Si un hombre tiene un hijo terco y rebelde, que no le hace caso a su padre ni a su madre aun después que lo disciplinan, [19]su padre y su madre deberán cogerlo y llevarlo a los ancianos de su poblado en la plaza pública de su comunidad. [20]Deben decirles a los ancianos: "Este hijo nuestro es desleal y rebelde; no nos hace caso, es un glotón y un borracho". [21]Entonces los hombres de su poblado lo apedrearán hasta que muera. Así eliminarás el mal de tu medio: todo Israel se enterará y temerá (VIN).

Esta ley presenta el caso de un hijo descarriado, completamente rebelde, que no está dispuesto a respetar u obedecer a sus padres, es un hijo lleno de malas costumbres, que ha decidido transitar por el camino de la desobediencia. A algunos estudiosos, cuando leen esta ley, les parece primitiva, violenta y repugnante. En realidad lo que Dios como gran Juez y Legislador buscaba con esta Ley era terminar la propiedad de los padres sobre la vida de los hijos y con ello el derecho para matarlos. Por lo tanto, esta ley es muy hermosa. Lo es porque preserva la autoridad y el derecho de los padres a ser respetados por sus hijos y al llegar a un caso extremo, el hijo podía ser llevado a las puertas de la ciudad para ser juzgado por orden de un tribunal (juez), de ser hallado culpable, la sentencia era la pena de muerte por apedreamiento. En teoría esto era verdad, pero no hay registro alguno que esto sucediera en Israel en los tiempos bíblicos.

Deuteronomio 21:21: Entonces los hombres de su poblado lo apedrearán hasta que muera...

¿Cómo funcionaba esta ley?

Primero. Los dos padres tenían que estar de acuerdo. Una vez que los padres entraban en acuerdo para que su hijo fuese juzgado por su constante mala conducta, entonces un tribunal penal era la autoridad civil que juzgaba el caso. El tribunal juzgaba y dictaminaba sobre el asunto y no los padres del hijo. Esta era una ley de protección infantil. En la cultura hebrea, la madre tiene voz y voto, a diferencia de otras culturas. Los padres no podían fungir como jueces y jurado. Los jueces tenían la responsabilidad de investigar el caso, y de ser hallado culpable, eran los hombres de la ciudad quienes llevarían a cabo la sentencia de muerte apedreando al hijo y no sus padres. El propósito era quitar el mal.

Deuteronomio 21:21: así quitarás el mal de tu tierra; y todo Israel oirá, y temerá.

Todas estas condiciones tenían que funcionar tal y cual para que esta ley pudiera ser aplicada y así evitar el riesgo que se le diera un uso inadecuado y se le violara el derecho al hijo, como ciudadano, de ser juzgado por un tribunal competente y no por la autoridad de sus padres. Esta ley tenía como propósito crear un orden social al juzgar este tipo de conducta. De no aplicar estas reglas, el juicio era ilegal. El miedo a las consecuencias por hacer el mal es un buen síntoma; es muy saludable para la persona que haya cometido un delito y para la sociedad misma. Las consecuencias de este delito son tan graves porque Yahweh es padre; por lo tanto, transgredir el mandamiento de honrar a los padres trae destrucción a la familia y por consiguiente a la sociedad. Está escrito:

Éxodo 20:12: Obedezcan y cuiden a su padre y a su madre. Así podrán vivir muchos años en el país que les voy a dar. (TLA)

En nuestro presente, estas conductas están siendo pasadas por alto, porque se nos ha olvidado cómo combatir el mal. El gran sabio Salomón dijo:

Proverbios 4:1: Escuchen, hijos, a la instrucción de un padre; presten atención, para que tengan discernimiento; [2]pues les estoy dando buen consejo; así que no abandonen mi Torah. (KIM)

La palabra *musar,* del hebreo רסומ, según el diccionario Strong H4148, significa: 'corrección, castigo, instrucción y disciplina'. Una represión o advertencia. *Musar* viene del verbo *yasar,* que significa 'reformar, castigar, disciplinar o instruir'.

En Proverbios 3.11 se nos enseña a no menospreciar la disciplina del Señor, ni cansarnos de su corrección.

Proverbios 3:11: Hijo mío, no desprecies la disciplina de Yahweh ni desmayes cuando seas reprendido por Él.

Una persona malvada podría hasta morir por falta de instrucción. Así está documentado:

Proverbios 5:23: Morirá por falta de instrucción, y por su mucha necedad perecerá (LBLA).

Continuemos con los consejos del sabio Salomón:

*Proverbios 4:14-23 **No** sigas el sendero del perverso ni camines en la senda de los transgresores. En cualquier lugar que ellos hayan puesto su campamento, evítalo, no vayas allá, vuélvete de él y sigue de largo. [16]Porque ellos no pueden dormir si no han hecho el mal, pierden el sueño y no pueden descansar. [17]Porque viven del pan de la perversidad y se emborrachan con el vino de la transgresión. [18]Pero el sendero de la rectitud es como la luz del alba, brilla en aumento hasta llegar a pleno día. La senda del perverso es como oscuridad; ellos ni saben lo que los hace tropezar. [2]Hijo mío, presta atención a lo que estoy diciendo; inclina tu oído a mis palabras. No las pierdas de vista, guárdalas profundamente en tu corazón; porque ellas son vida para el que las encuentra y salud para todo su ser. Por encima de todo, guarda tu corazón; porque es la fuente de las consecuencias de la vida (KIM).*

Nuestro señor Jesucristo habló muy claro sobre esto. Él declaró:

Mateo 12:34: Generación de víboras, ¿cómo podrán ustedes, siendo malos, hablar cosas buenas? Porque de la abundancia del corazón habla la boca (VIN).

Mateo 15:18: Pero lo que sale de la boca viene del corazón, y eso contamina al hombre. [19]Porque del corazón salen los malos pensamientos, los homicidios, los adulterios, las fornicaciones, los robos, los falsos testimonios y las blasfemias (VIN).

Continuemos con Proverbios:

Proverbios 4:25: Miren tus ojos hacia delante, mantén tu contemplación en lo que está delante de ti. (KIM)

A través de este consejo, Dios nos hace una gloriosa invitación a mantener los ojos en el camino de la Torah, la cual es su instrucción divina. El obedecer su ley siempre nos traerá buenos resultados.

Dice la Biblia:

1 Juan 2:16: Porque todo lo que hay en el mundo, los malos deseos de la naturaleza humana, la codicia de los ojos y el orgullo de las riquezas no procede del Padre, sino del mundo. (BNP)

Proverbios 4:26: Allana el sendero para tus pies, todos tus caminos sean propiamente preparados rectos;

Proverbios 4:27: entonces no te desvíes ni a la derecha ni a la izquierda; y mantén tu pie lejos de la maldad. (KIM)

Deuteronomio 11:19-21 enséñenlas cuidadosamente a sus hijos, hablando de ellas cuando se sienten en su casa, cuando viajen por el camino, cuando se acuesten y cuando se levanten; y escríbanlas en los marcos de las puertas de su casa y en sus postes para que ustedes y sus hijos vivan larga vida en la tierra que Yahweh juró a sus padres que les daría a ellos por el tiempo que haya cielo sobre la tierra. (KIM)

No vamos a apedrear a nuestros hijos por su mala conducta. Pero ten presente que para Dios, deshonrar a los padres merece la pena máxima. Está escrito en la Biblia que la paga del pecado es la muerte. Veamos:

Romanos 6:23: Quien solo vive para pecar, recibirá como castigo la muerte. Pero Dios nos regala la vida eterna por medio de Cristo Jesús, nuestro Señor (Biblia Lenguaje Sencillo).

Hoy los hijos se enfrentan a su propia rebeldía, ellos se resisten a obedecer las leyes divinas y naturales revelando así que no tienen temor de Dios, ni a las consecuencias de sus malos actos. Si enseñamos a los hijos a honrar a sus padres, estaríamos practicando de esta manera honrar a Dios, que es nuestro Padre celestial.

Yahweh estableció instrucciones perfectas de su Torah. Una de ellas es el principio de restitución conocido como la *ley de ojo por ojo*. Mejor conocida en latín como *lex taliones*. La ley del castigo, del mismo peso, castigo de retribución. Esta ley está documentada en el libro de Éxodo. Veamos.

Éxodo 21:23: Pero si hay algún daño, entonces darás vida por vida, 24ojo por ojo, diente por diente, mano por mano, pie por pie, 25quemadura por quemadura, herida por herida y magulladura por magulladura.

Esta ley es una instrucción de justicia de Dios y su misericordia para aplicarla sobre aquellos que cometan un daño y lo restituyan conforme al valor de lo dañado. Es una figura retórica porque igualmente no hay registro que a alguien se le haya sacado un ojo en la cultura hebrea por haberle causado un daño en el ojo a otra persona. De manera que lo que esta Ley significa es que el castigo no debe ser superior a la ofensa cometida y nadie debe tomar venganza.

La restitución

El robo, devolver dañado un objeto que se recibió prestado en buen estado, una riña que causare lesiones graves o la muerte, entre otras, son infracciones o delitos contemplados en la ley de Dios, que se solucionaban con la llamada *restitución*. Esta ley ha sido mal interpretada durante siglos y, a mi parecer, mal comparada con las leyes del Código de Hammurabi, Rey de la antigua Mesopotamia.

La restitución incluía entre sus leyes normas como las siguientes: si alguien robaba y comenzaba un incendio, debía ser arrojado al fuego, o si alguien mataba accidentalmente a otra persona, se podía matar no solo a quien había cometido el crimen, aunque no hubiese sido intencional, sino también a su familia.

El Código de Hammurabi

La ley del talión en el Código de Hammurabi era una ley de orden clasista o racial, porque solo era permitida su aplicación cuando el ofendido fuese de la clase superior en la escala social. Esta ley carece de equidad. Esto mismo determinaba la manera en que la persona era retribuida. Por ejemplo, en el Código de Hammurabi está escrito que si una persona ha sacado un ojo a un *awilum,* se le sacará un ojo; pero si uno ha sacado un ojo a un *mushkenu* (un plebeyo) pagará una mina de plata; y si uno ha sacado un ojo aun *wardum* (esclavo) pagará la mitad de su precio. Aunque procuraba establecer justicia, la ley del talión carece de equidad en el Código de Hammurabi.

Cuando no entendemos el contexto en que se entregó la ley de Yahweh (la Torah o instrucción divina), terminamos interpretando mal el texto de la Torah y tampoco entendemos las enseñanzas de Yeshua en el Nuevo Testamento. Cristo vino como el Maestro de Justicia, lo cual consistía en darle la interpretación correcta a la Torah. Su labor como maestro fue corregir la mala comprensión que existía en el judaísmo del período del segundo templo, de restituir y no de cobrar venganza.

Todas las leyes del Eterno estaban bajo el precepto de jurisprudencia. Esto significa que tiene que haber un juez a la puerta de la ciudad, el juzgado local, y todo juicio debía llevarse delante de dos o tres testigos y se esperaba una sentencia justa. De esto hablaré más adelante en los próximos capítulos.

Dios no ordena al agraviado pagar con la misma moneda al culpable y de esta manera hacer su propia justicia; eso no es lo que nos enseña la Biblia. Esta ley es un mandamiento directo al culpable para que restituya y corrija sus faltas. Con esta ley se pone un alto a la violencia y al deseo de venganza.

Por otro lado, según la literatura rabínica, aquí no se refiere a tomar los órganos del otro en recompensa por un daño causado, sino de compensar con dinero el valor del miembro dañado. Nunca se trató de una penalidad salvaje de quitarnos los ojos los unos a los otros, sino de una compensación monetaria que el victimario debía pagar a la víctima o perjudicado.

Les presentaré un ejemplo al respecto:

Si un médico cirujano ganaba trabajando 1000 dólares y después de la pérdida de una de sus manos solo podrá ganar 40 % de esa cantidad, el agresor tendrá que indemnizarlo con el 60 % durante el resto de su vida, para recompensarlo por la pérdida.

Solo en casos de asesinato premeditado se podía aplicar esta ley de forma literal. Si alguien cometía asesinato, se aplicaba la ley capital, de esta manera se detenía el mal.

¿Qué significa entonces "ojo por ojo y diente por diente"?

Es la declaración máxima de igualdad entre las personas. Para Dios, los ojos de toda persona tienen el mismo valor. Ejemplo: el ojo del rey no tenía más valor que el ojo del campesino. Pero no es así en el Código de Hammurabi, donde se legisló que el ojo de un noble era más valioso que el ojo de un súbdito. Veamos.

Código de Hammurabi 198. *Si deja tuerto a un individuo cualquiera (humilde) o le rompe un hueso a un individuo cualquiera (humilde), pagará una mina de plata.*

Código de Hammurabi 199. *Si deja tuerto al esclavo de un hombre o le rompe un hueso al esclavo de un hombre, pagará la mitad de su valor.*

153

Código de Hammurabi 218. *Si un médico realiza una incisión profunda en un hombre (notable) con bisturí de bronce y le provoca la muerte, o si le abre la nube de un ojo a un hombre (notable) con bisturí de bronce y deja tuerto al hombre, que le corten la mano.*

Código de Hammurabi 220. *Si le abre la nube de un ojo con un bisturí de bronce (a un esclavo) y lo deja tuerto, pagará en plata la mitad de su valor.*

Esto no es así en la Torah. La ley de Yahweh señala que solo el agresor es culpable de su crimen. En la práctica común y en otros códigos de justicia, si matabas al hijo de alguien, tu hijo debía morir. En cambio, en los códigos de la Torah esto está completamente prohibido.

En la Biblia, muy específicamente en la ley de ojo por ojo y diente por diente, solo el asesino debía ser castigado y no el hijo del asesino. Es muy importante recalcar esto porque en la Biblia está escrito:

Ezequiel 18:20: La persona que peque, esa morirá. El hijo no cargará con el pecado del padre, ni el padre cargará con el pecado del hijo; la justicia del justo se le contará solo a él, y la injusticia del impío se le contará sólo a él. Además, si el impío se aparta de todos sus pecados que cometió, observa todos mis estatutos y practica el derecho y la justicia, ciertamente vivirá; no morirá. No le serán recordadas todas sus transgresiones que cometió; por la justicia que hizo vivirá. ¿Acaso quiero yo la muerte del impío?, dice Adonay Yahweh. ¿No vivirá él, si se aparta de sus caminos? (versión VIN).

De manera que la instrucción de "ojo por ojo y diente por diente" no era una ley de venganza sino de restitución. Esta ley prohíbe y previene la venganza. En los tiempos antiguos, en muchas sociedades estaba permitido que si alguien le sacaba el ojo a otra persona, la persona agredida le sacaría los dos ojos al agresor o lo mataría, o heriría a sus hijos. Pero la ley de Yahweh es completamente diferente, está cargada de verdadera justicia: *Si te saqué el ojo, ahora yo soy tus ojos...* Esta ley asegura que la víctima recibirá una compensación apropiada por el daño causado, ajustando el castigo al delito cometido: *Si te herí gravemente ahora soy tus manos, tus pies. Te doy una compensación equivalente.*

El sermón del monte

Yeshua dijo respecto de esta ley:

Mateo 5:38: Oísteis que fue dicho: Ojo por ojo y diente por diente. [39]Pero yo os digo que el propósito de ese mandamiento no es promover la revancha contra el que te trata impíamente, sino enseñarte cómo sujetar tus pasiones. Por tanto, al que te hiera en la mejilla derecha, vuélvele también la otra (ECR).

Yeshua no está aboliendo la ley de ojo por ojo y diente por diente, todo lo contrario: Yeshua vino para darle el cumplimiento correcto. Así está documentado:

Mateo 5:17-20 No piensen que yo vine para anular la Torah o los profetas. No he venido a anular, sino a cumplir. En verdad les digo que mientras no pasen el cielo y la tierra, ni siquiera una yod ni una tilde pasará de la Torah hasta que todo se haya cumplido. Por lo tanto, a cualquiera que quebrante el más pequeño de estos mandamientos y así lo enseñe a la gente, se le considerará el más pequeño en el reino del Cielo. Pero a cualquiera que los cumpla y los enseñe, a este lo considerarán grande en el reino del Cielo. Porque les digo que si su justicia no sobrepasa la de los escribas y los fariseos, jamás entrarán en el reino del Cielo (VIN).

Con esto queda claro que está prohibido por el Eterno quitar los mandamientos que Él estableció o añadirles cosas que Dios no ha dicho. Declarar un mandamiento de Dios improcedente, entonces que fue lo que Yeshua enseñó al decir:

Lucas 6:27- 39 Pero a ustedes los que oyen, les digo: Amen a sus enemigos y háganle el bien a los que los aborrecen; bendigan a los que los maldicen y oren por los que los maltratan. Al que te golpee en la mejilla, preséntale también la otra; y al que te quite el manto, no le niegues la túnica. A cualquiera que te pida, dale; y al que coja lo que es tuyo, no se lo vuelvas a pedir. Y como quieren que los trate la gente a ustedes, así también trátenlos ustedes a ellos. Porque si aman a los que los aman, ¿qué mérito tienen? Pues también los pecadores aman a los que los aman. Y si le hacen el bien a los que les hacen bien, ¿qué mérito tienen? También los pecadores hacen lo mismo. Y si les prestan a aquellos de quienes esperan recibir, ¿qué mérito tienen? Pues también los pecadores les prestan a los pecadores para recibir el mismo trato. Ustedes, en cambio, amen a sus enemigos y hagan el bien y presten sin esperar ningún provecho. Entonces su recompensa será grande, y serán hijos del Altísimo; porque él es bondadoso para con los ingratos y los perversos. [36]Sean compasivos, como también su Padre es compasivo [...] Pero yo os digo que el propósito de ese mandamiento no es promover la revancha contra el que te trata impíamente, sino enseñarte cómo sujetar tus pasiones. Por tanto, al que te hiera en la mejilla derecha, vuélvele también la otra (ECR).

Oísteis que fue dicho

Mateo 5:38: Oísteis que fue dicho: Ojo por ojo y diente por diente.

Esta declaración, "oísteis que fue dicho", implicaba algo que se transmitía o comunicaba como interpretación. Yeshua no dijo "Oísteis que está escrito", de manera que Yeshua hace referencia a las malas interpretaciones de los escribas y fariseos que observaban en esta ley una oportunidad o permiso para cobrar venganza. Al mismo tiempo está enseñando a sus discípulos,

156

y por consiguiente a toda la nación, a no entrar en la vida privada de nadie, a evitar rencillas entre los ciudadanos. Evita deberle a otro la vida o un ojo por pelear con tu hermano.

La otra milla

Lucas 6:29: Si debes una capa dale también la túnica. _

En la época de Yeshua, los soldados romanos tenían la costumbre cuando concluía la jornada del día, de obligar a las personas a llevar una milla más de su carga. Las personas tenían que dejar sus cosas y cargar hasta una milla lo que se le pedía. Esto estaba estipulado en la ley romana, y los soldados lo aplicaban para humillar y someter a la población. Cualquier ciudadano romano podía pedir a uno no romano que cargara la milla como un tributo al emperador, y quien no obedeciera podía ser castigado hasta con la pena de muerte. Por eso Yeshua dijo:

Mateo 5:41: Y si una autoridad militar te exige que le lleves una carga por una distancia de kilómetro y medio, llévasela el doble (ECR).

Yeshua está diciendo con esto: No pelees con la injusticia porque puedes terminar debiendo un ojo. También dijo:

Mateo 5:39: Pero yo les digo que no se resistan contra el que les hace el mal. Al contrario, si alguien te pega en la mejilla derecha, ¡deja que te pegue en la izquierda también! (KIM)

Procura no deber las manos o la vida a ninguna persona. No te metas en problemas. Con esto queda claro que Dios en su ley prohíbe la venganza, porque la venganza le pertenece al Señor. Así está escrito:

Deuteronomio 32:35: Mía es la venganza y la retribución. A su tiempo el pie de ellos resbalará, porque el día de su calamidad está cerca, ya se apresura lo que les está preparado (LBLA).

El apóstol Pablo les recuerda a los seguidores de Yeshua en Roma que ellos deben seguir la instrucción divina de la palabra de Dios. Les dice que no deben tomar venganza, sino que le den lugar a Dios; es Dios quien tomará venganza de su pueblo cuando llegue el tiempo señalado.

Romanos 12:19: Amados, no se venguen ustedes mismos; déjenlo todo a la ira divina, porque está escrito: "Mía es la venganza; yo pagaré, dice Yahweh". [20]Así que, si tu enemigo tiene hambre, dale de comer; y si tiene sed, dale de beber; pues al actuar así le harás arder la cara de vergüenza. [21]No te dejes vencer por el mal, sino vence el mal con el bien (VIN).

Así que, con esta ley, Dios no estaba motivando a las personas a cobrar venganza, no se trataba de cortarle la mano ni de ni sacarle los ojos a nadie. La ley de Yahweh determina:

Levítico 19:18: No tomes venganza sobre o cargues rencor contra ninguno de tu pueblo; más bien, ama a tu prójimo como a ti mismo. Yo soy Yahweh. (KIM)

Recordemos que esto concuerda con el mandamiento de *amar a tu prójimo como a tí mismo.* Así lo registra la Biblia:

Mateo 22:36: Maestro, ¿cuál es el gran mandamiento de la ley? [37]Y Él le dijo: Amarás al Señor tu Dios con todo tu corazón, y con toda tu alma, y con toda tu mente. [38]Este es el grande y el primer mandamiento. [39]Y el segundo es semejante a este: Amarás a tu prójimo como a ti mismo. [40]De estos dos mandamientos dependen toda la ley y los profetas (LBLA).

Shalom aleijem (paz a vosotros)

Paz en hebreo se dice *shalom*. Viene de la raíz gramatical hebrea *shalam*. Significa 'restaurar, restituir', estar en paz con el prójimo, dar lo necesario, proveer a alguien con el fin de llenar su vacío. Tener paz no es ausencia de problemas o conflictos. *Shalom* es que no te falte nada, es estar completo. Cuando tienes la paz de Yahweh te conviertes en un pacificador. Eso fue lo que Yeshua explicó en el famoso Sermón del Monte.

Mateo 5:9: Bienaventurados los que procuran la paz, pues ellos serán llamados hijos de Dios (LBLA).

No te metas en problemas, ya que puedes terminar con una deuda que pagar si le causas un daño a tu prójimo. Está escrito:

Hebreos 12:14: Buscad la paz con todos y la santidad, sin la cual nadie verá al Señor (LBLA).

Cuando una persona se arrepiente verdaderamente, aprende a restituir, que es uno de los frutos del arrepentimiento para tener paz. Si tienes una deuda pendiente la pagas. Está escrito:

Salmos 37:21: El pecador toma prestado y no paga, pero el justo tiene compasión y da (KIM).

El apóstol Pablo, conocido en hebreo como Rabí Shaul, enseñó lo siguiente a los romanos:

Romanos 13:8: No le queden debiendo nada a nadie, sino el amor mutuo; pues el que ama al prójimo ha cumplido con la Torah. *[9]Porque lo de "no cometerás adulterio, no cometerás asesinato, no robarás, no codiciarás", y cualquier otro mandamiento, se resume en esta frase: "Amarás a tu prójimo como a ti mismo". [10]El amor no le hace mal al prójimo; así que el amor es el cumplimiento de la Torah (KIM).*

Si le causas un daño a alguien debes tener la responsabilidad por indemnizarlo. Antes debes cerrar el círculo vicioso de lastimar a tu prójimo. Si lo haces accidentalmente, devuélvele la paz. Si hiciste una promesa, debes cumplirla. Si llegas a fallar, haz lo que tengas que hacer apropiadamente para indemnizar y restituir. De esta manera siempre disfrutarás de la paz de Dios, que sobrepasa todo entendimiento. Así está escrito en la Biblia:

Filipenses 4:7: Y el shalom de Dios, que sobrepasa todo entendimiento, guardará vuestros corazones y vuestros pensamientos en Mashiaj Yeshua (Código Real).

No busques venganza cuando alguien quiera restituirte, si el pago o indemnización es equivalente a la falta. Cuando disciplinas a tus hijos, busca que la disciplina sea equivalente a la falta cometida. El abuso existe cuando no disciplinamos de manera apropiada; entonces los hijos se vuelven rebeldes. Igual sucede cuando los disciplinamos injustamente dos o más veces por la misma falta. Si alguien quiere reñir contigo, es mejor que lo evadas. No te dejes llevar por la ira cuando te abofeteen, mejor voltea el rostro, porque puedes terminar debiendo hasta la vida. Así está documentado:

Proverbios 15:1: Una respuesta gentil aplaca la ira; una palabra dura provoca el enojo. [2]La lengua del sabio produce mucho conocimiento, pero la boca de los tontos vierte necedad (VIN).

Es difícil discutir con alguien que insiste en contestar de manera suave, amable, gentil. Una voz y palabras acaloradas siempre provocan una respuesta airada. Para aplacar la ira y buscar el *shalom*, escoge palabras amables. El apóstol Santiago escribió:

Santiago 1:20: pues la ira del hombre no obra la justicia de Dios (LBLA).

Cuando alguien te diga que la Biblia está llena de leyes irracionales, es el momento para que le expliques que la ley de Dios revelada en Deuteronomio 21 terminó con la costumbre de los padres de matar a sus hijos.

Además, hazle saber cómo la ley de "ojo por ojo y diente por diente" trajo una igualdad única entre seres humanos acabando con la venganza y equilibrando el castigo ofreciendo indemnización ajustada.

El mayor elemento para alejar el pecado en una sociedad es que el pueblo ame a Dios y tenga temor por medio de la obediencia de sus mandamientos. Solo cuando el temor de Dios está presente en nuestras vidas dejamos de violentar los mandamientos de Yahweh.

Deuteronomio 4:1: Ahora pues, oh Israel, escucha los estatutos y los decretos que yo os enseño para que los ejecutéis, a fin de que viváis y entréis a tomar posesión de la tierra que el Señor, el Dios de vuestros padres, os da. ²No añadiréis nada a la palabra que yo os mando, ni quitaréis nada de ella, para que guardéis los mandamientos del Señor vuestro Dios que yo os mando (LBLA).

CAPÍTULO 10

EL LEGISLADOR DEL UNIVERSO

Isaías 33:22: Porque Yahweh será nuestro juez; Yahweh será nuestro legislador, Yahweh será nuestro rey; él nos librará (VIN).

Dios es el gran legislador del universo. Sus leyes sostienen todo lo creado. Todo lo que existe es gracias a él. El universo revela el ingenio del único Dios creador de cielos y tierra. Su arquitectura no hay quien la supere y sus leyes son sorprendentes e inigualables. Así está escrito:

Col 1:16: Porque en Él fueron creadas todas las cosas, tanto en los cielos como en la tierra, visibles e invisibles; ya sean tronos o dominios o poderes o autoridades; todo ha sido creado por medio de Él y para Él. [17]Y Él es antes de todas las cosas, y en Él todas las cosas permanecen (LBLA).

Cuando fue probado por Dios, Job, en medio de su desgracia, hizo preguntas al Eterno sobre lo que le ocurría. Sus amigos, por otro lado, lo acusaban de haber quebrantado alguna ley de Dios. Sin embargo, Job fue hallado justo y sin culpa delante de Dios. Dios responde el interrogatorio de Job y también le hace algunas preguntas. Job aún no entendía el porqué de sus desgracias, aunque nunca renegó, él buscaba una explicación ante quien podía dársela. Dios preguntó a Job:

Job 38:33: ¿Conoces las leyes del cielo o puedes imponer su dominio sobre la tierra? (VIN).

Si Job hubiese tenido la repuesta a esta pregunta, entonces entendería fácilmente por lo que estaba pasando.

Cuando fue interrogado por sus amigos, Job respondió así:

Job 9:1: Entonces respondió Job y dijo: ²En verdad yo sé que es así, pero ¿cómo puede un hombre ser justo delante de Dios? [...] ⁹el que hizo la Osa y el Orión, las Pléyades, y las cámaras de viento sureño (VIN).

Los males que le vinieron a Job no fueron por haber violado ninguna ley divina, todo lo contrario, Job siempre actuó en justicia, su vida estaba edificada sobre la base de la ley de Dios, la cual es justa y santa, atributos que se reflejaban en la vida insigne de este hombre de bien. Así dice la Palabra:

Job 1:8: Y el Señor dijo a Satanás: ¿Te has fijado en mi siervo Job? Porque no hay ninguno como él sobre la tierra, hombre intachable y recto, temeroso de Dios y apartado del mal (LBLA).

Hoy son muy pocos los ciudadanos que encontramos con estas características, ya que Satanás ha logrado en buena medida que la humanidad quebrante la ley de Dios. Los códigos jurídicos del cielo cada vez son más violados y menos tomados en cuanta. La filosofía de la vida ha sustituido la sabiduría de Dios. El pensamiento positivo es ahora la guía del pueblo y no la fe en Dios. Las sociedades se están desarrollando sin los valores bíblicos, sin temor a Dios. Según proverbios 1:7, el principio de la sabiduría es el temor a Dios. Una sociedad que rechaza la Palabra de Dios no tendrá sabiduría para construir un país sobre las bases de la justicia.

Señores:

Estamos ante un mundo que se resiste a reconocer a su Creador. Ideólogos se levantan a diario a fomentar nuevas ideas para el desarrollo de la vida, sin tomar en cuenta al Creador, sostenedor de nuestra existencia. Legisladores surgen con proyectos de ley que desafían las leyes del supremo Creador del universo. Estos pretenden ser los guías infalibles de las naciones sin considerar que Dios es quien las creó. Así dice la Biblia:

Hecho 17:26: y de uno hizo todas las naciones del mundo para que habitaran sobre toda la faz de la tierra, habiendo determinado sus tiempos señalados y los límites de su habitación (LBLA).

No voltear la mirada hacia el cielo es igual a no reconocer a Dios como el gran juez, rey y legislador de nuestras vidas, es pretender el desarrollo existencial de la vida sin el manual del Creador. La arrogancia crece cada día con máscara de humildad. Las naciones siguen rechazando al gran legislador, lo han sustituido por guías ciegos, por hombres corruptos llenos de todo tipo de delitos, que solo buscan mantener a los pueblos esclavizados, sumergidos en un océano de pobreza espiritual y material; divididos por leyes que solo fomentan la desigualdad social, la desintegración familiar, la separación de los pueblos hermanos. Estos crean leyes que violan la ética y la moral bíblica ancestral de nuestros pueblos.

Para fortalecer sus ideas, sociólogos y filósofos han creado nuevas escuelas donde se imparte la nueva formación académica, que tiene como misión orientar y educar a las masas, las cuales caminan como hipnotizadas, como zombis, por los senderos de la desobediencia al gran legislador de sus vidas. A estos solo les espera el caos y la miseria por pretender desechar al que tiene el poder y la sabiduría para sostener las naciones en sus manos.

Isaías 40:12: ¿Quién midió las aguas con el hueco de su mano, y calculó la extensión del cielo con su palmo, y contuvo en una medida el polvo de la tierra, y pesó los montes con una pesa y las colinas en una balanza? 13¿Quién ha escudriñado la mente de Yahweh, y qué hombre puede decirle su plan? 14¿A quién consultó él, y quién le enseñó, o lo guio en el camino correcto? ¿Quién lo guio en el conocimiento y le mostró la senda de la sabiduría? 15Las naciones no son más que una gota en un balde, estimadas como polvo sobre una balanza; él levanta las islas como motas de polvo (LBLA).

A estos altaneros se les ha olvidado que Dios es quien gobierna las naciones. Dios no los necesita, todo lo contrario, pronto tendrán que rendir cuenta a quien diseñó este planeta. Quiera o no el hombre, crea o no crea, Dios seguirá gobernando en las naciones. Aleluya.

Salmos 22:28: Porque de Yahweh es el reino, y él gobierna las naciones (VIN).

Job 12:23: Exalta las naciones, y luego las destruye; expande a los pueblos y luego los destruye (VIN).

Querido lector:

El gran legislador del universo está velando por el cumplimiento de sus leyes. Así está escrito:

Salmos 66:7: Él domina con su poder para siempre; sus ojos velan sobre las naciones; no se enaltezcan los rebeldes (Selah). (LBLA).

Isaías 41:2-5 ¿Quién ha levantado del oriente al que Él llama en justicia a sus pies? Ante Él entrega naciones, y a reyes somete. Los deja como polvo con su espada, como hojarasca dispersa con su arco. 3Los persigue, pasando seguros por una senda por donde no habían andado sus pies. 4¿Quién lo ha hecho y lo ha realizado, llamando a las generaciones desde el principio? Yo, el Señor, soy el primero, y con los postreros soy. 5Las costas han visto y temen, tiemblan los confines de la tierra, se han acercado y han venido (LBLA).

DIOS GOBIERNA POR ENCIMA DEL HOMBRE

Dios ejerce su gobierno por encima del hombre. Ciertamente es necesario que Dios mude los tiempos y quite reyes. Durante mucho tiempo la tierra ha sido administrada por hombres que no conocen el diseño del Eterno; y esto ha traído una distorsión del diseño original del Señor para los pueblos y las naciones, pero la Escritura dice que la tierra está esperando la manifestación gloriosa de los hijos del Señor.

Romanos 8:19: Pues la creación aguarda con ardiente anhelo que se manifiesten los hijos de Elohim (VIN).

Dios trae los cambios de las estaciones y los tiempos, Dios instala y depone reyes, Dios da sabiduría al sabio y prudencia a aquellos con entendimiento. El Todopoderoso sigue ejerciendo su soberanía, nada se mueve si Él no lo permite. Esto no lo entiende el filósofo, ni el teólogo, ni el letrado, solo los entendidos en los tiempos comprenden las actuaciones judiciales del legislador del universo. El profeta Daniel así lo declara:

Daniel 12:3: Los entendidos resplandecerán con el resplandor del firmamento; y los que enseñan justicia a la multitud, como las estrellas, por toda la eternidad (VIN).

También el profeta anunció que:

Daniel 2:21: Él trae los cambios de las estaciones y los tiempos; Él instala y depone reyes; Él da sabiduría al sabio y prudencia a aquellos con entendimiento (KIM).

DESCOMPOSICIÓN SOCIAL

En los tiempos del profeta Amos, el país de Israel estaba viviendo uno de sus mejores momentos. La economía de la nación estaba creciendo aceleradamente, gracias a la buena gestión de su Rey Jeroboam II. Todo en el país estaba floreciendo: la agricultura, la ganadería, las empresas textiles crecieron de manera acelerada. El comercio se expandió, la urbe de la ciudad fue adornada con nuevas y magníficas edificaciones. Samaria, su capital, brillaba con un esplendor nunca antes visto.

Sin embargo, Dios no aprobaba este desarrollo industrial por el uso indebido de los recursos de parte de sus autoridades. Dios enviaría su juicio. El gran Juez y legislador tenía que intervenir a favor de los más desposeídos del país. La justicia estaba ausente en la nación, aunque había mucha prosperidad.

Este bienestar era un disfraz que ocultaba el verdadero rostro del país. Había detrás de esa máscara una gigantesca descomposición social. Mientras que la clase alta de la sociedad gozaba de los privilegios de sus riquezas amontonadas, gran parte del pueblo se encontraba sumergido en la pobreza extrema. La desigualdad social reinaba en el pueblo al que Dios dijo que amara a su prójimo como a sí mismo. Los pobres se hicieron esclavos de los prestamistas, sus bienes eran embargados si no podían cancelar las deudas adquiridas. Los comerciantes falseaban las balanzas. Los jueces aceptaban el soborno. Ante todo esto, el gobierno no hacía nada por el bien de sus ciudadanos. La injusticia era una reina con trono propio.

QUERIDO LECTOR:

Dios no aprueba los negocios fraudulentos. Eso no es de su agrado. La Biblia afirma:

Proverbios 11:1: Las balanzas falsas son una abominación a Yahweh; la balanza honrada le agrada (VIN).

Dios actuará para aplicar la justicia

Amós 5:7: ¡[Oh,] ustedes que convierten el derecho en ajenjo y echan por tierra la justicia! (VIN).

La conducta de la nación será probada por Dios. Dios actuaría para medir la conducta del país. La injusticia no podía seguir reinando en una nación que Dios formó para que fuese modelo al resto de las naciones. Dios había legislado en la nación, entregándoles una constitución única, pero ellos la habían olvidado.

Amós 7:7: Esto Él me mostró: He aquí, el Señor estaba junto a un muro hecho a plomo, y tenía en su mano una plomada. ⁸Y el Señor me dijo: ¿Qué ves, Amós? Y respondí: Una plomada. Entonces el Señor dijo: He aquí, pondré una plomada en medio de mi pueblo Israel. Ya no volveré a dejarlos sin castigo. ⁹Los lugares altos de Isaac serán asolados y los santuarios de Israel destruidos; y yo me levantaré con espada contra la casa de Jeroboam (LBLA).

Los derechos humanos eran violados constantemente por la élite de la época del profeta Amós. Sus delitos crecían cada día a la vista de Dios. Corrían como caballos sin frenos, desbocados para infringir la ley de Dios. Establecieron sus propias reglas para legalizar lo ilegal: la corrupción. Dios se hastió de ellos, como creo que también se está hastiando de la conducta actual de muchas naciones que han echado a un lado las leyes divinas, y han legislado sin Dios para establecer las suyas. Por su paso solo dejan miseria, ruina y dolor en medio de la sociedad que sufre los males de unos dirigentes expertos en oprimir al pobre.

Amós 1:6-7 Así dice el Señor: Los delitos de Gaza han llegado a su colmo; por tanto, no revocaré su castigo: Porque desterraron a poblaciones enteras para venderlas a Edom, ⁷yo enviaré fuego contra los muros de Gaza, que consumirá sus fortalezas [Así dice el Señor: Los delitos de Edom han llegado a su colmo; por tanto, no revocaré su castigo: Porque sin mostrar ninguna compasión persiguieron con espada a su hermano; porque dieron rienda suelta a su ira y no dejaron de alimentar su enojo (NVI 1999).

El mensaje del profeta Amós pone al descubierto las intenciones corruptas de naciones que se presentan con rostro de cordero, pero que en realidad son unos depredadores de pueblos enteros. Devoran todo a su paso. El disfraz que hasta ahora han usado no evitará que queden al descubierto ante la justicia divina. Sus máscaras caerán y dejarán ver sus verdaderos rostros. No podrán darle continuidad a su agenda porque Dios interviene en los asuntos de la humanidad a escala mundial.

GENERADORES DE CAOS

Estos dirigentes de países son expertos en generar caos, miseria, ruina, dolor, tortura, fomentan el odio entre los pueblos hermanos con sus discursos baratos de igualdad y de justicia. Presentan una visión torcida del verdadero progreso que merecen nuestras naciones. Son indolentes ante los migrantes que solo buscan un lugar seguro donde puedan vivir en justicia y en paz. Levantan muros en las fronteras, deportan las masas sin importarles su seguridad y bienestar. Por otro lado, los poderosos del mercado se aprovechan de la necesidad de los pobres y desamparados. Les brindan una supuesta ayuda, aunque en realidad lo que hacen es esclavizarlos en duras tareas laborales, causándoles más dolor y pobreza al no recibir la remuneración merecida. Otra forma de explotación es que las personas son usadas como mercancía sexual, sin importarles sus sentimientos y emociones, y muchos menos su vida ética y moral. Solo importa para ellos el interés monetario.

Los pueblos son vistos solo como mercancía. Dios pondrá fin a esta barbarie. El derecho internacional se usa a conveniencia, se pisotean los derechos más elementales, y entretanto crece el odio y la violencia. La maldad parece no tener fin.

Damas y caballeros:

Las profecías de Amós son un espejo para nuestros días.

Hoy abundan las migraciones y deportaciones masivas. La transgresión del derecho internacional se produce con más frecuencia, se destruyen los pueblos y esto parece no importarle a nadie. Hay guerras entre países hermanos, solo justificadas por los intereses económicos de quienes se creen amos del mundo.

Estamos frente al mundo de la barbarie, de los abusos y atropellos. La corrupción y el desprecio de los derechos humanos han hecho cuna en las naciones. Hombres depravados de pensamiento corrupto gobiernan nuestros pueblos. Jueces y fiscales que aman el soborno son los que dirigen los organismos de justicia del Estado. Pero Dios no tiene una mirada indiferente ante estos atropellos. El Juez supremo actúa a través de la voz profética de Amós para denunciar la perversión del derecho por parte de quienes creen tener el poder absoluto. Así está documentado:

Amós 2:6-8 Juicio contra Israel. Así dice el Señor: Los delitos de Israel han llegado a su colmo; por tanto, no revocaré su castigo: Venden al justo por monedas, y al necesitado, por un par de sandalias. [7]Pisotean la cabeza de los desvalidos como si fuera el polvo de la tierra, y pervierten el camino de los pobres. Padre e hijo se acuestan con la misma mujer, profanando así mi santo nombre. Junto a cualquier altar se acuestan sobre ropa que tomaron en prenda, y el vino que han cobrado como multa lo beben en la casa de su Dios (NVI 1999).

ENTRENADO PARA DELINQUIR

Juan José Hernández

La opresión en el país tomó una fuerza desmedida

Amós 4:1: Oigan esta palabra ustedes, vacas de Basán, que viven en el monte de Samaria, que oprimen a los desvalidos y maltratan a los necesitados, que dicen a sus esposos: "¡Tráigannos de beber!". ²El Señor omnipotente ha jurado por su santidad: "Vendrán días en que hasta la última de ustedes será arreada con garfios y arpones".

Echaron por tierra la justicia, el derecho lo convirtieron en amargura

Amós 5:7-9 Ustedes convierten el derecho en amargura y echan por tierra la justicia. ⁸El Señor hizo las Pléyades y el Orión, convierte en aurora las densas tinieblas y oscurece el día hasta convertirlo en noche. Él convoca las aguas del mar y las derrama sobre la tierra. ¡Su nombre es el Señor! ⁹Él reduce a la nada la fortaleza y trae la ruina sobre la plaza fuerte.

Amós 5:10 -12 Ustedes odian al que defiende la justicia en el tribunal y detestan al que dice la verdad. Por eso, como pisotean al desvalido y le imponen tributo de grano, no vivirán en las casas de piedra labrada que han construido, ni beberán del vino de los selectos viñedos que han plantado. ¡Yo sé cuán numerosos son sus delitos, cuán grandes sus pecados! Ustedes oprimen al justo, exigen soborno y en los tribunales atropellan al necesitado.

Querido lector:

Dios espera que nos levantemos en medio de la oscuridad que nos rodea y brillemos con su luz, que seamos capaces de reconocer la injusticia que a diario sufren miles de personas en nuestras naciones. Alguien tiene que levantarse y denunciar ante el mundo estos atropellos, sobre todo, la causa debe ser presentada ante el tribunal del universo donde está el Juez Supremo dispuesto a admitir la causa. Señores dejen de delinquir. Estos que se han adueñado del mundo, simultáneamente son los mismos que dirigen los organismos del Estado.

Emplean el soborno para comprar la conciencia de aquellos que no aman al país y desprecian al menesteroso, de los que no tienen respeto a la dignidad humana, ni mucho menos tienen temor a Dios y sus leyes. De esta manera pisotean el derecho del otro. Ellos convierten la justicia en un negocio rentable. Pronto se les acabará, porque el Legislador supremo vendrá a juzgar con justicia para vindicar a quienes se les violó su derecho.

DIOS VELA POR LOS DESPOSEÍDOS

Proverbios 31:8: ¡Levanta la voz por los que no tienen voz! ¡Defiende los derechos de los desposeídos! (NVI 1999).

Damas y caballeros:

Yahweh no es un Dios de injusticia, sino de justicia. Dios sí se interesa en el bienestar que merecen los pueblos de la tierra. Pronto actuará con justicia por amor a los desamparados. Él actuará a favor de la causa del justo. Dios es quien defiende a los pobres, su reino es para ellos.

Lucas 6:20: Volviendo su vista hacia sus discípulos, decía: Bienaventurados vosotros los pobres, porque vuestro es el reino de Dios (LBLA).

A nuestro Dios sí le importa lo que sucede en la tierra. Él no es indolente al maltrato que enfrenta gran parte de la población mundial por la mano despiadada de sus dirigentes. Dios no callará ante semejante injusticia. Todos los delitos que se cometen a diario están ante sus ojos. Él observa todo, sus oídos están atentos ante la injusticia y la corrupción que arropa a las naciones. Dios nunca será cómplice de quienes atropellan a los pueblos. Él es el Dios de Justicia. Pronto dictará sentencia sobre los delitos cometidos por quienes no aman ni respetan sus leyes. Muchos se preguntan: ¿Por qué Dios tarda tanto en hacer justicia? La repuesta a esta pregunta la encontramos en:

2 Pedro 3:9: El Señor no se tarda en cumplir su promesa, según algunos entienden la tardanza, sino que es paciente para con vosotros, no queriendo que nadie perezca, sino que todos vengan al arrepentimiento (LBLA).

Damas y caballeros:

Dios ama a todos, su plan de salvación no es para unos pocos, sino para toda la humanidad. Dios espera que todos abandonen el camino del mal. Para ello, Dios brinda siempre la oportunidad de hacer el bien. Su voz nos llama a dejar los caminos perversos y a transitar por el camino del bien.

Isaías 55:7: Abandone el impío su camino, y el hombre inicuo sus pensamientos, y vuélvase al Señor, que tendrá de él compasión, al Dios nuestro, que será amplio en perdonar (LBLA).

Yahweh es el Dios de justicia. Su mensaje pone al descubierto los planes ocultos de un sistema completamente corrupto y mefistofélico, el cual pisotea sin compasión los derechos elementales de la humanidad. Su amparo no está a favor de la perversión del derecho, ni de las injusticias, o de las desigualdades sociales, sino a favor de los desprotegidos y desamparados, a favor de quienes sufren a diario y son aplastados por la mano indolente de los que se han nombrado a sí mismos amos del mundo. Yahweh nunca legitimará la corrupción y la injusticia. La Biblia dice:

Salmos 46:1: ... Dios es nuestro amparo y nuestra fortaleza, nuestra ayuda segura en momentos de angustia (NVI 1999).

174

La insaciable codicia de "los amos" del sistema es puesta al desnudo por la voz profética de Dios

El profeta Amós enfoca su mirada profética en su presente y al mismo tiempo en el nuestro. Este profeta de Dios denuncia la actuación injusta de quienes tienen el poder político y manejan las riquezas de la nación para sí mismos. En su mensaje denuncia la corrupción de los mercaderes del país y el sufrimiento del pueblo por no tener acceso a los bienes y servicios merecidos. Mientras que el pueblo padecía de hambre, ellos estaban saciados. Veamos el relato bíblico:

Amós 3:10: No saben hacer lo recto —declara el Señor— los que acumulan violencia y destrucción en sus palacios (LBLA).

Son indolentes ante la necesidad del pueblo

Miqueas 3:1: Y dije: Oíd ahora, jefes de Jacob y gobernantes de la casa de Israel. ¿No corresponde a vosotros conocer la justicia? Miqueas 3:2: Vosotros que aborrecéis lo bueno y amáis lo malo, que les arrancáis la piel de encima y la carne de sobre sus huesos; Miqueas 3:3: que coméis la carne de mi pueblo, les desolláis su piel, quebráis sus huesos, y los hacéis pedazos como para la olla, como carne dentro de la caldera (LBLA).

Dios juzgará esta acción de los ricos de la tierra

Miqueas 6:9 -14 La voz del Señor clamará a la ciudad (prudente es temer tu nombre): Oíd, oh tribu, ¿quién ha señalado su tiempo? ¿Voy a soportar una medida falsa, un galón disminuido? ¿Voy a aceptar que usen balanzas inexactas con pesas falsificadas? En esta ciudad los ricos se enriquecen en base a crímenes, y los habitantes se han acostumbrado a mentir. Por eso, yo mismo he empezado a maltratarte, a arruinarte debido a tus pecados. Comerás, pero quedarás con hambre; reservarás cosas, pero no podrás guardar nada; y si logras salvar algo, yo lo entregaré a la espada (BLA 2005).

Los que se apoderan de la tierra injustamente, negándole al resto de los ciudadanos la posibilidad de tener un lugar donde construir una vivienda digna para su familia, rendirán cuenta a Dios. Así está documentado:

Isaías 5:8: ¡Ay de los que juntáis casa con casa, y añadís campo a campo hasta que no queda sitio alguno, para habitar vosotros solos en medio de la tierra! (LBLA).

La especulación: otro mal que aqueja a nuestras sociedades

La especulación es un arma despiadada utilizada por quienes solo piensan en sí mismos, en enriquecerse a cuestas de la necesidad del próximo.

Los acumuladores de capital sufren de pleonexia, a estos solo los mueve la codicia por acumular bienes materiales. Tienen un apetito insaciable por lo material. Así está documentado:

Amós 8:5: diciendo: ¿Cuándo pasará la luna nueva para vender el grano, y el día de reposo para abrir el mercado de trigo, achicar el efa, aumentar el siclo y engañar con balanzas falsas; [6]para comprar por dinero a los desvalidos y a los pobres por un par de sandalias, y vender los desechos del trigo?

Quienes se dejan guiar por la avaricia serán puestos en la balanza de la justicia divina. Dios, como juez y gran legislador, no pasará por alto el delito de la especulación. Así está escrito:

Hab 2:6 - 10 ¿No pronunciarán todos éstos contra él una sátira, y burlas e intrigas contra él? Y dirán: «¡Ay del que aumenta lo que no es suyo (¿hasta cuándo?) y se hace rico con préstamos!» ¿No se levantarán de repente tus acreedores, y se despertarán tus

176

cobradores? Ciertamente serás despojo para ellos. Porque tú has despojado a muchas naciones, todos los demás pueblos te despojarán a ti, por la sangre humana y la violencia hecha a la tierra, al pueblo y a todos sus habitantes. ¡Ay del que obtiene ganancias ilícitas para su casa, para poner en alto su nido, para librarse de la mano de la calamidad! [...] ¡Ay del que edifica una ciudad con sangre y funda un pueblo con violencia! (LBLA).

El Gran Legislador promulgó una ley de precio justo para su pueblo, con el solo propósito que todos pudieran tener acceso a los bienes y servicios necesarios para la vida, como los alimentos, la vestidura, la salud, los materiales de construcción de viviendas, entre otros. El derecho a la alimentación, a la salud y a obtener una vivienda digna es un logro que no todos tienen. Los sistemas de corrupción no permiten que el pueblo disfrute de la tierra y de sus beneficios. Todo se ha materializado con el fin del enriquecimiento ilícito que oprime a los pueblos a través de la especulación, que solo favorece a los amos del poder y de los que se adueñan a través del poder político de lo que le pertenece por derecho natural al pueblo. Así está escrito:

Levítico 19:35 - 37 "No haréis injusticia en los juicios, ni en las medidas de peso ni de capacidad. "Tendréis balanzas justas, pesas justas, un efa justo y un hin justo. Yo soy el Señor vuestro Dios que os saqué de la tierra de Egipto. "Así pues, observaréis todos mis estatutos y todas mis ordenanzas, y los cumpliréis; yo soy el Señor" (LBLA).

Ser rico no es malo, malo es cuando obtienes las riquezas de manera ilícita, cuando falseas la balanza, cuando oprimes al trabajador negándole su salario justo.

La Biblia nos relata la vida de Job. Dice que era un hombre muy prosperado en todo lo que emprendía. La prosperidad que obtuvo Job fue gracias a su esfuerzo honesto y una vida íntegra delante de Dios y la sociedad donde él vivía. Fue reconocido por Dios y por todos como un hombre de principios y de valores. El mismo Dios dijo de Job lo siguiente:

Job 1:8: Y el Señor dijo a Satanás: ¿Te has fijado en mi siervo Job? Porque no hay ninguno como él sobre la tierra, hombre intachable y recto, temeroso de Dios y apartado del mal (LBLA).

Echemos un vistazo a la prosperidad de Job

Job 1:1: Hubo un hombre en la tierra de Uz llamado Job; y era aquel hombre intachable, recto, temeroso de Dios y apartado del mal. Job 1:2: Y le nacieron siete hijos y tres hijas. Job 1:3: Su hacienda era de siete mil ovejas, tres mil camellos, quinientas yuntas de bueyes, quinientas asnas y muchísima servidumbre; y era aquel hombre el más grande de todos los hijos del oriente (LBLA).

Esta historia bíblica sobre la vida de Job nos enseña que poseer grandes riquezas no es pecado, pecado es cuando se obtienen por la vía de la corrupción. Job es un buen ejemplo para quienes desean enriquecerse sin oprimir al pobre. Job llegó a ser el hombre más prosperado de su época y nunca violó la ley de Dios. Su riqueza no fue producto de falsear la balanza o de negarles el salario justo a sus empleados, fue gracias al esfuerzo, la honestidad y la integridad que lo acompañaban. Estas cualidades hoy están ausentes en muchos empresarios y políticos de las naciones.

Amigo mío:

Tenga cuidado de cómo está obteniendo sus riquezas, porque Dios pronto le pedirá cuenta. Está documentado en la Biblia:

Santiago 5:1-6 ¡Oíd ahora, ricos! Llorad y aullad por las miserias que vienen sobre vosotros. Vuestras riquezas se han podrido y vuestras ropas están comidas de polilla. Vuestro oro y vuestra plata se han oxidado, su herrumbre será un testigo contra vosotros y consumirá vuestra carne como fuego. Es en los últimos días que habéis acumulado tesoros. Mirad, el jornal de los obreros que han segado vuestros campos y que ha sido retenido por vosotros, clama contra vosotros; y el clamor de los segadores ha llegado a los oídos del Señor de los ejércitos. Habéis vivido lujosamente sobre la tierra, y habéis llevado una vida de placer desenfrenado; habéis engordado vuestros corazones en el día de la matanza. ⁶Habéis condenado y dado muerte al justo; él no os hace resistencia (LBLA).

Dios desea que todos alcancemos los niveles más altos de la prosperidad material, siempre y cuando esta no afecte nuestra relación con Él, ni el buen crecimiento de nuestra vida espiritual. Así está escrito:

3 Juan 1:2: Amado, ruego que seas prosperado en todo así como prospera tu alma, y que tengas buena salud (LBLA).

Damas y caballeros:

La vida es más valiosa que los bienes que podamos obtener. Un día nos despediremos de este mundo y daremos cuenta a Dios, que nos dio la vida y con ella la oportunidad de disfrutarla a plenitud. Seremos examinados por el máximo tribunal del cielo. Daremos cuenta por cada acto cometido. Todas nuestras obras, buenas o malas, serán juzgadas. El Juez dictará sentencia de vida a aquellos que se arrepintieron de haber violado la ley del Gran Legislador del universo y vivieron para hacer el bien. Pero sentenciará a muerte eterna a quienes se negaron a cumplir la ley de Dios y violaron constantemente sus códigos y normas jurídicas. Yeshua dijo:

Lucas 12:15: Y les dijo: Estad atentos y guardaos de toda forma de avaricia; porque aun cuando alguien tenga abundancia, su vida no consiste en sus bienes (LBLA).

A los cuerpos de seguridad de las naciones, Dios les dice:

Lucas 3:14: También algunos soldados le preguntaban, diciendo: Y nosotros, ¿qué haremos? Y él les dijo: A nadie extorsionéis, ni a nadie acuséis falsamente, y contentaos con vuestro salario (LBLA).

Damas y caballeros:

La corrupción es una cadena sin fin. Lastimosamente, en muchas naciones se ha sustituido la responsabilidad por la prepotencia. El abuso de las autoridades civiles, militares y aun religiosas para oprimir a quienes debieran sentirse protegidos por estas. Se usa el poder económico como influencia para el clientelismo. Solo con el fin de ser los dueños de todo. Estos abusos se encuentran en manos de los que pretenden poseer el monopolio de la política, la economía y los medios de comunicación. Basta ya. En la Biblia está escrito:

1 Tito 6:9: Pero los que quieren enriquecerse caen en tentación y lazo y en muchos deseos necios y dañosos que hunden a los hombres en la ruina y en la perdición. ¹⁰Porque la raíz de todos los males es el amor al dinero, por el cual, codiciándolo algunos, se extraviaron de la fe y se torturaron con muchos dolores (LBLA).

Recordemos:

Isaías 33:22: Porque Yahweh es nuestro juez, Yahweh es nuestro legislador, Yahweh es nuestro Rey. Él nos salvará (KIM).

EPÍLOGO

El padre celestial está muy molesto con la actuación delictiva de muchos en la tierra, aunque, Él por su carácter de amor, no actúa de acuerdo a su molestia, sino de acuerdo a su justicia. Dios es paciente y misericordioso no queriendo que ninguno perezca, sino que todos procedan al arrepentimiento. 2Pedro 3:9 .....porque NO ES SU PROPÓSITO QUE NINGUNO SEA DESTRUIDO, sino que todos se vuelvan de sus pecados. (KIM).

La misericordia de Dios es infinita, Él es amor, en su corazón hay santidad, pero también es justo. Toda injusticia que se ha cometido en este mundo Dios tiene la responsabilidad que se lleve a juicio. Él va impartir la justicia. Proverbios 6:16 Seis cosas hay que odia el SEÑOR, y siete son abominación para Él: 17 ojos soberbios, lengua mentirosa, manos que derraman sangre inocente, 18 un corazón que maquina planes perversos, pies que corren rápidamente hacia el mal, 19 un testigo falso que dice mentiras, y el que siembra discordia entre hermanos. (LBLA).

Viene un tiempo de juicio para todas las personas que se reusaron a caminar en justicia, para aquellos que no aceptaron el perdón de Dios, sino que se complacieron en sus delitos, estos serán pasados por la balanza de la justicia eterna. Estarán bajo la ira de Dios y ¿Qué representa vivir bajo la ira de Dios? vivir bajo la ira de Dios implica que la humanidad recibirá el justo pago que merece por los delitos cometidos. (Leer 2Tesalonisenses 1:6-7).

En el cielo hay un registro judicial, todo lo que se ha hecho mal, el Padre lo sabe y lo tiene anotado.

Todo aquello que ha provocado lágrimas, por causa de los crímenes, las mentiras, violaciones de los derechos humanos, todas las injusticias cometidas desde la sangre de Abel, están registradas. Génesis 4:10 YAHWEH dijo: "¿Qué es lo que has hecho? ¡La voz de la sangre de tu hermano está gritándome desde la tierra! (KIM).

En relación a esto el salmista declara. Salmo 94:1 Oh Señor, Dios justiciero, manifiéstate, Dios justiciero. 2 levántate, juez de la tierra, dales su merecido a los soberbios. 3 ¿Hasta cuándo, Señor, los criminales, ¿Hasta cuándo van a triunfar los criminales? 4 estos delincuentes son unos arrogantes, unos insolentes y unos fanfarrones; 5 aplastan, Señor, a tu pueblo y oprimen a tu heredad; 6 degüellan a la viuda y al inmigrante y asesinan a los huérfanos. 7 y dicen: "El Señor no ve nada, el Dios de Jacob no se da cuenta". (Martin Nieto).

Dios va a impartir justicia. El padre se va a encargar de dar el pago que todos merecen, el día de la venganza viene, el día en que se pagarán todas las deudas. En la Biblia está escrito: Romanos 2:6 el cual PAGARÁ A CADA UNO CONFORME A SUS OBRAS: (LBLA). Damas y caballeros, la rebelión es la evidencia del más alto grado de pecado.

Es un cáncer que carcome desde adentro hacia fuera. Todo lo daña, una sociedad que no corrige la conducta criminal de quienes la conforman, multiplica sus delitos. La Biblia así lo declara. Proverbios 29:16 Cuando abundan los malvados, se multiplican los delitos, pero los justos serán testigos de su caída. (SBVUJ). Aun así, Dios desea sanar nuestras sociedades, por eso, entregó a su hijo a morir en la cruz, para cumplir ese propósito. La Biblia dice: Isaías 43:25 ¡Yo, yo mismo limpiaba tus delitos por mi respeto, y de tus pecados no me acordaba! (Biblia de Jerusalén 3ra edición).

Las huellas del pecado permanecen para siempre, estas son imborrables, solo Dios puede hacer que desaparezcan para siempre. Los delitos cometidos producen en el ser interior de la persona que los cometió un inmenso vacío, además de la vergüenza de ser hallado culpable. La Biblia revela en: Sofonías 3:11 Aquel día no tendrás que avergonzarte de los delitos cometidos contra mí; entonces arrancaré de tu seno a tus alegres fanfarrones, y no volverás a engreírte en mi santo monte. (Biblia de Jerusalén 3ra edición).

Muchos prefieren recibir un entrenamiento para delinquir, que ser entrenados para practicar y hacer justicia. Es por eso, que lamentablemente las naciones caminan hacia un precipicio, sus pueblos son guiados por gobernantes que en su mayoría son guías ciegos que encaminan a las multitudes por caminos de error y engaño. Cada vez el mundo se hace más oscuro, así lo revela Isaías 60:2 Porque he aquí, tinieblas cubrirán la tierra y densa oscuridad los pueblos; (LBLA).

Nuestra sociedad necesita personas que tengan convicciones, ideales fuertemente adheridos, solo así, evitaríamos la corrupción, la deslealtad, la falta de compromiso con Dios, con la sociedad. Si camináramos en justicia y pusiéramos a Dios y su palabra como nuestra guía, los problemas que vivimos hoy no existirían, el deterioro del planeta, la crisis económica, la delincuencia, simplemente porque habría personas capaces de arriesgar sus intereses personales por el del colectivo. Obrar en justicia debe ser la meta y dejar de delinquir contra Dios y la humanidad. En la Biblia está escrito. Proverbios 28:2 Por los delitos de un país son muchos sus gobernantes, pero con un hombre inteligente y sabio el orden dura. (Martin Nieto).

La escritora cristiana Elena G. de White dice en su libro "La educación", que la mayor necesidad del mundo es la de hombres que no se vendan ni se compren; hombres que sean

183

sinceros y honrados en lo más íntimo de sus almas…; hombres cuya conciencia sea tan leal al deber como la brújula al polo; hombres que se mantengan de parte de la justicia aunque se desplomen los cielos (Elena G. de White, La Educación, p. 54).

Querido lector, si apartas tus pies de la senda del error y abandonas el camino del mal, si dejas de cometer delitos contra la ley de Dios y sus principios divinos, Dios está dispuesto a perdonar todo delito en ti. En la Biblia está escrito en Salmo 65:4 Nuestros delitos son más fuertes que nosotros, pero tú nos los perdonas (Martín Nieto).

Nos vemos en la próxima edición…

Jeremías 31:33:

"Porque este es el Pacto que haré con la casa de Yisra'el después de esos días", dice YAHWEH: "Yo ciertamente pondré mi Torah dentro de ellos y la escribiré en sus corazones; Yo seré su Elohim, y ellos serán mi pueblo" (KIM).

Made in the USA
Middletown, DE
21 June 2023

33088517R00106